추천사

사람의 마음은 헤아리기 어렵다. 사랑해도, 같이 살아도, 오래 함께 해도 서로를 다 알지 못한다. 하물며 하나님의 마음일까? 바울과 데살로니가 교인들은 서로 떨어져 있어도 분리되지 않았다. 특히 바울이 기도하는 순간, 그들은 하나로 연결되었다. 본서는 그 이유를 하나님의 언약 안에 있는 자들이 상속받은 그리스도의 의지임을 전한다. 저자는 성결대학교 대학원에서 '요한복음 1장 문학적 읽기'라는 신약학 Th'M 논문을 쓴 학자이자 행복나눔교회 담임이고, 전 세계에 2만 7천여 교회를 개척한 선교지향교단 C&MA 한국총회 총회장이다.

본서는 지난 10년간 복음서와 서신서를 설교할 때, 깨달은 내용을 바탕으로 예수 그리스도에 대한 깊이 있는 이해와 사귐을 위해 쓴 책이다. 사귐은 그리스도에게 받은 이타적인 마음이 상대 내면의 세계에 초대받는 것이고, 사랑은 말씀이신 그리스도가 육신이 되어 우리 가운데 거하시듯, 다른 이의 마음에 공격과 상처를 주지 않고 내 의지가 함께 사는 것이다. 그리스도의 이타적 의지를 통해 믿음과 소망, 그리고 사랑을 실천하길 바라는 분들에게 이 책을 추천한다.

오현철(성결대 설교학 교수/신학대학장/전 한국복음주의 실천신학회장)

이 책은 예수 그리스도를 다양한 길에서, 반갑게 만나볼 수 있는 아주 특별한 책이다. 예수 그리스도의 고난과 십자가의 죽음, 그리고 부활은 과거의 사건이지만, 언약의 현재성으로 우리는 오늘 이 순간 예수 그리스도의 사건과 마주할 수 있다. 이 책은 우리의 의지가 예수 그리스도의 의지를 따르는지, 우리의 몸이 성령을 지각하는지, 우리의 영이 하나님의 영을 아버지로 섬기는지 아니면, 교회의 높은 첨탑과 화려한 제의에만 눈길을 돌리고 있는가를 돌아보게 한다. 분명 예수님은 일상의 성결을 말씀하셨다. 그런 점에서 우리는 날마다 우리의 부족함과 허물을 고백해야 한다. 또한 거듭난 사람이 언약을 지키는 성결을 통해, 마음의 경건과 몸의 삼가를 실천하여, 넘어진 자리를 딛고 일어서서 내일을 바라봐야 한다. 마음과 생각의 깨끗함을 소망하는 분들에게 이 책을 강력하게 추천한다.

이수환(수지더사랑교회 담임목사/성결대학교 선교학 객원교수)

이 책을 읽고 따라가다보면 머리를 한 대 맞은 듯한 깨달음을 경험할 수 있다. 이 책에는 예수 복음의 비밀이 숨겨져 있기 때문이다. 비밀은 감추어졌지만 반드시 일어나는 사건이다. 예수 그리스도의 이름으로 하나님을 사랑하고, 이웃을 사랑하는 것은 우리들이 해야 하는 대사명이다. 그러나 머리로는 알지만, 가슴으로 실천하기 힘들고, 가슴은 뛰지만, 생각과 행동은 주저한다. 이 책은 복음의 비밀을 전할 선교사들과 목사들에게 큰 선물을 줄 것이다. 저자는 양자의 영을 상속받은 자에게 일어나는 영의 몸이 드리는 예배, 그리스도의 이타적 의지가 만든 선한 양심, 성령이 사용하시는 몸의 지각을 통해, 이기적 의지가 작용하지 않고, 죄로 만들어진 경험이 방해할 수 없는 선재와 예정의 거처로 우리를 초대한다.

신다윗(C&MA 한국총회 사무총장/인천네팔선교회 담임목사)

하루하루 하나님 앞에서 점검하기로 마음을 먹고 순간의 감정들과 일상의 이벤트들을 다이어리에 기록하였는데, 연말이 되어 기록들을 들춰보니 바라던 나의 모습과 살아온 나의 모습의 간극이 크게 느껴져 부끄러워졌다. 도래할 하나님 나라를 향하는 예수 공동체원이 예수의 독트린을 잘 분별하고 따르는 것은 마치 목적지가 분명한 순례자가 나침반을 따라 항해하는 것과 같이 필수적인 요소일 것이다. 이 책은 예수 그리스도와 예수 그리스도가 아닌 것과의 차이를 선명하게 가리켜준다. 예수 그리스도의 나침판이 필요한 분들에게 이 책을 추천한다.

주민선(미자립청년선교 느디님사람들선교회 대표)

이 책은 우리의 일반적인 상식을 깨고, 의지의 세계와 생각의 세계가 전혀 다른 출처에서 생성됨을 말한다. 우리는 창세 이전의 죄 없는 자기희생의 의지를 알지 못하는 가운데, 스스로 신앙생활을 잘 한다고 착각하며, 살고 있을 수도 있다. 이 책은 이기적 의지와 잘못된 믿음으로 만들어진 생각과 행동을 시금석 같이 점검하게 하며, 책을 읽는 분들이 이기적 의지를 내려놓고, 내 마음에 있지만 내가 주인이 아닌, 예수 그리스도의 의지를 따를 수 있도록 도와줄 것이다. 또한 오욕을 충족하기 위해 기복적으로 교회를 찾는 신앙생활이 아닌, 예배와 공동체 생활에 있어서 영과 의지, 몸의 사용을 가르쳐준다. 오랜 시간 성찰 없이 습관적으로 교회를 섬긴 모든 분들이 이 책을 꼭 읽으시길 추천한다.

최천림(행복나눔교회 장로)

영과 의지, 몸에 대한
예수 복음의 비밀

영과 의지, 몸에 대한 **예수 복음의 비밀**

·**초판 1쇄 발행** 2024년 3월 12일

·**지은이** 장미경
·**펴낸이** 민상기
·**편집장** 이숙희 **편집** 민경훈
·**펴낸곳** 도서출판 드림북
·**인쇄소** 예림인쇄 **제책** 예림바운딩
·**총판** 하늘유통

·**등록번호** 제 65 호 **등록일자** 2002. 11. 25.
·경기도 양주시 광적면 부흥로 847 경기벤처센터 220호
·Tel (031)829-7722, Fax 0504-269-6969

명과 의지 몸에 대한
예수복음의 비밀

장미경 지음

드림북

| 목 차 |

프롤로그

예수 그리스도에 의한 영과 의지, 몸의 변화

생명이 있는 모든 것은 의미를 지니고 있다. 우리에게 유명한 김춘수 시인의 꽃의 한 구절을 보자. "내가 그의 이름을 불러주기 전에는 그는 다만 하나의 몸짓에 지나지 않았다. 내가 그의 이름을 불러주었을 때, 그는 나에게로 와서 꽃이 되었다." 이 시에서 꽃은 나와 상관없던 외부 세계의 존재였는데, 내가 꽃의 이름을 불러주었더니, 그 의미가 내 안에서 나와 상관있는 꽃을 만들어 준다. 만물이 의미를 갖고 있듯이, 하나님과 하나님이 만드신, 그의 자녀들도 의미(意味)를 가지고 있다. 그 의미가 의지(意志)이다. 사람의 의지나 사물의 의미는 이름으로 표현되며, 이름을 부르는 언어와 몸짓에 의해, 내면의 세계에 감춰진 의지나 의미가 드러난다.

의지는 생각(生角)이 아니다. 의지와 생각은 전혀 다른 영역이다. 의지의 생성 출처는 내면의 세계[1]이지만, 생각의 생성 출처는 외연의 세계이

---

1) 생각과 경험을 통한 지각으로 알 수 없는 의지의 세계이다. 이와 대조적으로 외연의 세계는 지각으로 알 수 있는 세계이다.

다. 의지는 여러 가지 마음을 만들어 작용한다. 마음은 의지가 만들고 활동하는 몸이다. 그러나 생각은 직간접적인 육체의 경험으로 만들어진다. 의지는 어떻게 생성되고 소멸되는가? 의지의 생성은 창조주(부모)가 자신의 본성(本性)을 대여[2]함으로 이루어진다. 의지가 계승될 때에 자연적(自然的)[3] 언약이 발생한다. 창조주의 의지는 피조물에게 계승되고, 의지가 계승된 피조물을 통해, 대여된 창조주의 의지는 지속(持續)된다.

의지 안에서 창조주(創造主)와 피조물(被造物)은 서로의 존재를 증명한다. 언약의 지속성이 중단되지 않는다면, 창조주의 음성은 피조물의 삶에 지속적으로 나타난다. 또한 피조물은 대여받은 의지로 창조주의 시간에 거처할 수 있다. 예수께서 세례를 받으실 때(마 3:17)와 제자들과 함께 변화산에 오르셨을 때(눅 9:35), 아들을 증명하는 아버지의 음성과 복음서 여러 곳에(요 17:1-26) 나타나는 아버지를 증명하는 아들의 음성을 우리는 확인할 수 있다.

자연적 언약으로 생성된 의지는 언약을 잃거나 잊을 때 소멸된다.[4] 대여된 의지의 소멸은 창조주의 소멸이다. 그러나 실제로 창조주는 소멸되지 않는다. 다만, 소멸된 창조주의 시간[5]에 거처하는 피조물이 창조주의 실존을 인식할 수 없을 뿐이다. 언약의 지속성은 창조주의 의

---

2) 대여는 빌려준 것으로 돌려받는 것을 조건으로 한다.
3) 저절로 그렇게 되는 모양.
4) 의지가 주체이기 때문에 소멸되는 것이 아니라, 창조주에 대한 기억을 잃는 것이다.
5) 창조주를 증명하지 못해 창조주가 죽었다 여기는 시간, 그러나 피조물에 작용하는 창조주의 시간은 변함없다.

지가 아닌, 다른 의지가 나타나면서 그 효력을 멈춘다. 이로 인해, 창조주와 피조물 간의 시간도 멈추게 된다. 의지들은 언약을 잃거나, 잊으면 그들 간의 시간을 정지하기 때문이다. 그래서 아버지를 증명하는 아들의 음성이 끊기면, 아들에게 대여된 아버지의 의지작용도 사라진다.[6] 대신, 아들은 아버지의 의지가 만든 마음이 아닌, 자신의 몸(體)[7]을 통해 의지작용을 재개한다. '에고'의 탄생[8]은 여기서 시작된다. 피조물이 만든 의지는 창조주의 의지를 가림으로 죄(罪)[9]가 된다.

세상(世上)은 죄로 말미암아 생긴 세계이다. 여기서 말하는 세상은 하나님이 창조한 세계가 아닌, 에덴동산에서 추방당한 아담이 하와와 함께 만든 인간의 세상을 말한다. 창세 이후에 만들어진 인간의 의지는 불순종으로 만들어진 죄와 분리될 수 없다. 이기적(利己的) 의지는 창조주에 대한 불순종의 죄로 만들어진 의지이다. 이 의지는 창세 이후의 의지이며, 육체를 보고 스스로 자기 자신을 증명하는 의지이다. 에고가 자기를 증명하면 할수록, 창조주는 부정당한다. 토속신앙에서 혼(魂)은 하늘로 올라가고, 백(魄)은 땅으로 내려가는 영원히 죽지 않는 존재로 설명하고 있으나, 혼백은 그저 창조주의 의지를 잊고, 육체를 보고, 스스로 자신의 존재를 나타내는 에고의 의지일 뿐이다.

에고가 자기 자신을 위해 작용하는 이기적 의지는 회개한다고 없어

---

6) 내버려둠의 시간.
7) 하나님의 음성에 반응했던 아담의 의지는 선악과를 먹은 후, 자신의 몸에 반응하기 시작한다.
8) 아들이 자신의 몸을 보고, 스스로 만든 의지.
9) 창조주의 의지와 다른 피조물의 의지. 창조주 의지와 같은 피조물의 의지는 의(義)가 된다.

지거나, 죽는다고 사라지지 않는다. 이 의지는 아담의 내면의 세계에 들어온 사탄의 의지이기 때문에, 죄의 시간을 저장하는 도서관이다. 그래서 혼이 공덕을 쌓아 하늘로 간들, 하나님의 심판을 피할 수 없고, 백이 땅으로 내려가 유명한 이름으로 인간 세상에 남아도, 심판을 피할 수 없다. 에고가 만든 인간의 세상은 사망과 함께 공생하기에 결국 심판에 이르러, 사망이 불못에 던져지면 인간의 세상도 끝난다.

예수 그리스도의 의지는 창세 이전의 죄가 없는 자기희생(自己犧牲)[10]의 의지이다. 이 의지는 창조주의 의지와 같다. 창조주는 피조물에게 자신의 죄 없는 의지를 대여하므로, 피조물 안에서 창조주의 자기희생의 의(義)를 작용한다. 그래서 창조주의 의지는 늘 피조물과 함께 할 수 있다. 의지는 자기희생 없이 결코, 다른 의지와 함께 거할 수 없다. 만약 의지가 자기희생 없이, 다른 의지의 내면의 세계에 들어가면, 다른 이의 의지는 공격당하거나 상처를 입게 된다.

예수 그리스도는 십자가와 부활을 통해, 하나님의 자기희생의 의지를 하나님의 자녀들에게 회복하셨다. 자기희생의 의지는 잘못된 의지나 거짓된 의지를 소거(消去)할 뿐만 아니라, 자기의 존재를 증명하기 위해 사용했던 몸의 사용을 멈추고, 선재(先在)한 아버지의 의지를 지각할 수 있는 몸으로 사용한다. 또한 에고는 아버지의 영과 아들의 영이 만나는 예정(豫定)된 '신령한 제단' 앞에 선다. 비로소 에고는 평화와 안식 속에서, 자신이 만든 거짓과 꿈의 세상을 떠날 수 있다. 예수 그리스도의 영은 하나님의 영이며, 예수 그리스도의 의지는 창세 이전의 아버지

---

10) 자기희생은 자기를 위한 이기적 의지가 작용하지 않는 것을 말한다.

의 의지이다. 또한 예수 그리스도의 몸은 성령이 사용하심으로 선재한 아버지의 의지를 지각(知覺)할 수 있다.

　이 책을 읽는 분들에게 하나님의 영과 그리스도의 의지, 그리고 성령이 사용하시는 몸의 지각이 회복되기를 기도한다.

1장
예수 그리스도의 독트린

선한 양심은 예고의 의지가 아닌, 그리스도의 의지로 만들어졌기에 어디서나
이타적인 덕을 세울 수 있다. 또한 하나님의 선을 나타내는 같은 목적과 자
신의 이름이 아닌, 예수 그리스도의 이름으로 죄에 대하여 죽고, 의에 대해서
사는 사명의 몸으로 산다.

1. 예수 그리스도의 선한 양심

디모데전서 2장 5절
하나님은 한 분이시요 또 하나님과 사람 사이에 중보자도 한 분이
시니 곧 사람이신 그리스도 예수라

자아(自我)는 아버지의 의지에서 떠나, 스스로 만들어진 나로서[1] 에
고라고 한다. 자아가 깨어나면 자아가 거처한 세계가 드러나는데, 그
세계가 내면의 세계이다. 내면의 세계는 자기(自己) 안에 위치한 세계이
며, 자신(自身)[2]만이 갈 수 있는 세계이다. 이 세계는 타인에게 드러나지
않아, 공유될 수 없는 세계이며, 다른 이의 지각과 경험이 머물 수 없는
곳이다. 내면의 세계에는 세 개의 마음이 있다. 하나는 에고의 이기적
의지가 만든 마음[3]이다. 마음은 의지의 작용으로 생각을 만들거나, 생
각이 머무르는 곳이다. 생각은 동일한 것 같지만, 출처에 따라 의지의
작용으로 만들어진 생각과 몸의 작용으로 만들어진 생각이 있다. 심리

---

1) 의지(意志)는 스스로 나를 나타내는 작용이다.
2) 생각과 경험을 통한 인식으로 나를 알게 됨.
3) 에고(의지)가 만든 몸.

치료는 의지가 만든 생각을, 더 나은 다른 의지가 만든 생각으로 교환(交換)하여 치료하는 것이고, 정신 치료는 몸이 만든 생각을, 더 나은 자신의 생각을 만들어 교정(矯正)하여 치료하는 것이다. 그래서 심리치료는 의지를 교환하여 마음을 치료하고, 정신치료는 생각을 교정하여 정신을 치료한다. 마음이 만들어진 목적은 에고가 이기적 의지인 오욕(五慾)[4]을 추구하기 위해서다. 외연의 세계를 향한 마음은 위치의 높고 낮음에 관계없이, 지식과 경험의 많고 적음에 관계없이, 남자든 여자든, 늙든 젊든, 에고가 만든 오욕이 채워졌을 때, 평화롭고 안전할 수 있다.

또 다른 마음은 양심(良心)이다. 양심은 공동체의 의지가 작용하여 만들어진 마음이다. 양심은 공동체의 의지에 따라 생성되고 소멸된다. 공동체의 의지는 공동체 안에서는 이기적 의지를 작용하지 않지만, 공동체 밖에서는 이기적 의지를 작용한다. 공동체(共同體)는 둘 이상이 모인, 에고가 이로움을 추구하기 위해 조직한 몸으로, 함께(共)하는 같은 목적과 한가지로(同) 나타내는 같은 이름, 한 몸 안에서 같은 운명(體)을 갖는다. 공동체는 법을 통해, 에고가 추구하는 오욕을 슬기롭게 규제할 수 있다. 자기 자신을 위한 재물욕은 에고들에게 갈등을 유발하지만, 공동체를 위한 재물욕은 에고들에게 명예와 공로가 된다. 식욕이나 색욕, 명예욕이나 수면욕 또한, 자기 자신을 위하여 추구될 때는 분쟁과 대립의 원인이 되지만, 공동체를 위하여 추구될 때는 덕(德)이 된다.

마지막 마음은 선(善)한 양심이다. 선한 양심은 하나님을 위한 그리스도의 의지로 만들어진 마음이다. 그리스도는 자기희생을 통해 자신

---

4) 사람의 다섯 가지 욕심(재물욕, 식욕, 색욕, 명예욕, 수면욕).

의 이기적 의지를 나타내지 않고, 오직 하나님의 의지를 나타낸다. 그래서 그리스도는 하나님의 의지이다. 에고의 의지나 공동체의 의지는 그들의 위함과 그들의 이로움을 위하여 작용하지만, 그리스도의 의지는 자신을 위하거나, 자신의 이로움을 위하여 작용하지 않는다. 그리스도의 영광[5]은 하나님을 나타내는 빛이며, 그리스도의 이로움은 하나님이 일하시는 생명이다.

에고의 마음은 자기 자신을 위한 오욕을 추구함으로, 어느 누구에게도 이로움을 줄 수 없다. 설령, 에고가 구제나 봉사를 한다 할지라도 그것은 자기 자신을 위한 이기적 의지의 작용이다. 양심은 공동체 안에서는 이기적 의지를 행하지 않지만, 그렇다고 자신을 희생하면서 다른 지체를 위해 이타적으로 행동하지 않는다. 그러나 선한 양심은 에고의 의지가 아닌, 그리스도의 의지로 만들어졌기에 어디서나 이타적인 덕을 세울 수 있다. 또한 하나님의 선을 나타내는 같은 목적과 자신의 이름이 아닌, 예수 그리스도의 이름으로 죄에 대하여 죽고, 의에 대해서 사는 사명의 몸으로 산다.

【say 1】
내 안에 지각과 경험으로 알 수 없는 내면의 세계가 있다.
이 세계는 자아가 만든 마음과 공동체의 의지가 만든 양심,
그리고 예수 그리스도의 이타적 의지가 만든 선한 양심이다.

---
5) 영광은 경쟁에서 이기거나 남이 하지 못한 어려운 일을 해냈을 때의 빛나는 영예를 말한다.

2. 예수 그리스도의 공동체의 세 가지 특징

디모데전서 3장 9절
깨끗한 양심에 믿음의 비밀을 가진 자라야 할지니

마음은 자기 자신을 위하는 목적을 가지고 있고, 양심은 공동체의 이로움을 위한 목적을 가지고 있다. 선한 양심은 하나님을 위한 목적을 가지고 있다. 마음은 자기 자신을 위한 목적을 가지고 있기에, 공격과 방어의 죄(罪)가 작용을 한다. 양심은 공동체의 이로움을 위한 목적을 가지고 있기에, 공동체의 이로움에 참여하지 않을 때 가책(呵責)이 작용한다. 선한 양심은 하나님을 위한 목적이 있기에, 자기희생의 의(義)가 작용한다. 외연의 세계에서는 존재하는 것들의 상호작용이 일어나지만, 내면의 세계에 위치한 마음들은 서로 상호작용을 하지 못한다. 그것은 마음들이 서로 차원이 다른 몸을 가지고 있기 때문이다. 마음은 의지의 몸이다. 마음은 의지에 따라 활동한다. 양심은 공동체의 몸이다. 선한 양심은 그리스도의 몸이다.

공동체(共同體)는 운명과 생활, 목적을 같이하는 두 사람 이상의 조직체를 말한다. 공동체는 세 가지 특징이 있다. 첫째, 같은 목적을 가지고 있다. 한 가지 공(共)은 제기(祭器)를 들고 있는 두 손의 상형이다. 두 손이 제기를 드는 같은 목적을 가지고 있다. 같은 목적이 있다는 것은 같은 것을 원하는 것이다. 예를 들어, 책을 읽는 목적을 가진 눈과 손은 그들이 하는 역할은 다르지만, 책을 읽는 같은 목적이 있기에, 눈은 다른 곳을 보지 않고 책을 향하며, 손은 다른 것을 들지 않고 책장을 넘긴다. 둘째, 같은 생활을 한다. 한 가지 동(同)은 한 그릇에 같은 말을 담은 상형이다. 그릇의 형태나 재료가 같지 않더라도, 그릇의 이름이 같으며, 그 그릇은 같은 쓰임으로 사용된다. 공동체는 같은 이름을 가지고 있기에, 같은 생활을 할 수 있다. 셋째, 공동체는 같은 운명을 가지고 있다. 몸체(體)는 뼈와 골이 풍성한 것들로 가득하다는 상형이다. 몸은 생명을 유지할 수 있는 완성체이며, 몸은 몸의 지체들과 운명을 같이 한다. 지체가 몸을 만드는 것이 아니라, 몸이 각 지체들을 만든다.

교회 공동체는 첫 번째 특징으로 하나님의 선한 일들을 나타내기 위한 목적을 가지고 있다. 교회 공동체가 선한 일을 하는 것이 아니라, 하나님이 하시는 '선한 일'은 오직 예수 그리스도의 공동체에서만 드러난다. 선한 일은 양심만으로 할 수 있는 것이 아니다. 양심은 공동체의 이로움을 추구하기 위해 이기적 의지를 내려놓을 수 있지만, 이타적 의지로 자신을 희생할 수 없다. 오히려 공동체의 의지가 잘못된 이로움을 추구할 때, 악한 양심[6]들을 만들어, 다른 공동체와 전쟁하기도 한

6) 언어의 의미적 결합으로 불가능하지만, 실제로 공동체를 붕괴시키는 마음이다.

다. 그러므로 예수 그리스도의 공동체는 하나님을 섬김에 있어서, 현세적 이로움을 추구하기보다, 예수 그리스도의 의지인 자기희생을 실천할 수 있는 선한 양심을 추구해야 한다.

두 번째 특징으로, 교회 공동체는 예수 그리스도의 이름으로 불린다. 하나님은 르우벤 지파나 시므온 지파, 그리고 레위 지파의 이름이 아닌, 야곱의 총회의 이름으로 축복하셨다. 야곱의 열두 지파가 각자의 이름으로 모여, 야곱의 총회를 이룬 것이 아닌, 야곱의 이름으로 12지파가 생성된 것이다. 오늘날 수많은 교회들이 각기 그들의 이름이 있지만, 그들은 예수 그리스도의 이름이 있기 때문에 만들어진 지체이며, 예수 그리스도의 이름으로 불릴 때, 생명이 있다. 다른 이름은 같은 모양일지라도, 다른 법을 드러내지만, 같은 이름은 다른 모양이더라도 같은 법을 따른다.

세 번째 특징으로, 교회 공동체는 예수 그리스도의 몸 안에서 살아야 한다. 하위적 개념이 상위적 개념을 포괄할 수 없다. 바다에 파도가 치는 것을 보고, 파도를 바다라 말할 수 없다. 교회 공동체는 예수 그리스도의 몸이 아닌, 그 몸을 이루는 지체이다. 그래서 지체가 모여서 몸을 이루는 것이 아니라, 몸이 있기에 지체가 접붙임을 당한다. 머리는 크지만 팔 다리가 작고, 팔 다리는 크지만 머리가 작은 교회 공동체는 언뜻 보기에 부자연스러운 모습 같지만, 예수 그리스도의 몸에 연합하는 시기와 역량이 다르기 때문에, 오히려 아주 자연스러운 모습이다. 요한계시록에 언급된 일곱 교회를 보라! 저마다 처한 상황과 환경, 그

히브리서 10장 22절 참고.

리고 역할과 생김새가 다르지 않는가! 그러나 그들의 몸인 어린양 예수 그리스도는 언제나 동일하시다.

선한 양심은 예수 그리스도의 이타적 마음이다.

3. 영의 신성화와 마귀의 독트린

디모데전서 4장 1-2절
그러나 성령이 밝히 말씀하시기를 후일에 어떤 사람들이 믿음에서
떠나 미혹하는 영과 귀신의 가르침을 따르리라 하셨으니 자기 양
심이 화인을 맞아서 외식함으로 거짓말하는 자들이라

누구나 지각을 통해 경험되지 않는 신체적 반응이나, 사유를 통해 규
명되지 않는 존재를 마주할 때, 낯설고 어색한 반응을 감추지 못할 것
이다. 이러한 반응들은 첫째는 감각기관으로 관찰할 수 있지만, 지각
할 수 있는 범위가 초과될 때 발생한다. 시력의 범위를 초과하는 작은
크기의 대상이나, 청각과 촉각의 범위에서 벗어난 운동(運動)들이 여기에
속한다. 둘째는 육체의 감각기관으로 관찰할 수 없는 반응들이 있다.
이것은 육체의 감각기관으로 수용하는 대상이 아닌, 다른 방법으로 수
용해야 알 수 있는 비물질적 존재와의 반응이다. 인간은 영과 혼백(의
지), 그리고 육체로 구성되어 있다.
영과 혼백은 비물질적 존재이며, 육체는 물질적 존재이다. 물질적 존

재인 육체는 감각기관을 통해 정보를 탐색하고, 그 탐색한 기호들을 사고(思考)함으로써 언어체계를 운용한다. 혼백(魂魄)은 마음과 양심이다. 이것은 총체적으로 정신활동(精神活動)으로 불린다. 동양철학에서는 사람이 죽으면 혼은 하늘로 가고, 백은 땅으로 가는 비물질적 존재로 소개하지만, 여기서 말하는 하늘은 하나님의 나라를 말하는 것이 아닌, 비물질의 세계를 표현한 구천(九天)을 의미한다. 또한 백이 땅으로 내려가는 것은 사망의 세계로 가는 것이 아닌, 인간 세상에 얼과 넋으로 남겨진 명성(名聲)으로 해석하는 것이 적당하다. "호랑이는 죽으면 가죽을 남기고, 사람은 죽으면 이름을 남긴다"는 속담에서 알 수 있듯이, 죽은 뒤에 남기는 이름이 백이다.

혼백을 의지적 측면에서 볼 때, 혼은 자아가 자기 자신을 위하여 타인의 의지에 대한 반응으로 희노애락애오욕(喜怒哀樂愛惡欲)의 마음을 만드는 의지이며, 백은 공동체의 이로움을 위한 측은지심(惻隱之心), 수오지심(羞惡之心), 사양지심(辭讓之心), 시비지심(是非之心)을 만드는 공동체의 의지이다. 육체가 언어체계로 운용된다면, 마음은 의지체계로 운용된다. 그렇기 때문에 육체를 통한 생각은 경험 이후에 발생하지만, 마음을 통한 의지는 경험 이전에 발생한다. 우리가 어떤 사람의 행동에 반응할 때, 그 사람의 행동을 보고 반응하면, 그것은 정신(精神) 활동이지만, 그 사람의 행동을 보기 이전에 반응하면, 그것은 의지(意志) 활동이다.

그렇다면, 영은 무엇인가? 영과 혼백과 육체의 작용은 한 존재나 한 차원에서 활동하는 것이 아니다. 영과 혼백과 육체는 각각의 독립된 존재와 차원에서 활동한다. 육체는 살과 뼈를 이루는 육체의 몸을 갖고 있고, 혼백은 마음을 몸으로 사용하며, 영은 영의 생명과 빛을 이어가는 영의 몸(제단)을 상속한다. 이들은 각자의 몸을 통해, 자신을 드러낸다. 생각은 몸이라는 감각기관을 통해 언어로 생활하고, 혼백은 자신을 위하거나 공동체를 위한 마음을 몸으로 사용한다. 또한 영은 제단(祭壇)을 통해, 아버지의 영과 아들의 영이 만날 때, 영의 몸으로 활동한나. 존재적 측면에서 관찰하면, 영으로서 내가 있고, 혼백으로서 내가 있고, 육체로서 내가 있다. 육체의 몸은 물질의 세계에서 작용하기에, 그것을 증명하고 이해하는 데 어려움이 없지만, 영과 혼백은 비물질의 세계에서 작용하기에, 그 몸을 증명하고, 이해하는 것이 어렵다. 그래서 잘못된 구조화와 사상이 적용될 경우, 매우 심각한 문제가 발생한다.

믿음에서 떠나 미혹하는 영과 귀신의 가르침을 따르는 자(딤전 4:1-2)는 선한 양심에 화인을 맞아, 외식함으로 거짓을 말하는 자이다. 영의 신성화(神聖化)는 영이 특정한 육체나 동물, 사물 등에 깃든다고 가르친다. 육은 더러운 반면, 영은 고귀하므로, 영이 깃든 특정한 사물이나 사람을 고귀한 존재로 신성시하는 것이다. 영에 대한 잘못된 인식은 영의 활동을 막을 뿐만 아니라, 건강한 의지와 육체의 작용에도 악영향을 미친다.

영은 몇 가지 특성이 있다. 첫째, 아버지의 영을 공유한다. 아버지의 영을 받은 아들의 영은, 아버지의 영과 같은 능력과 특성을 가지고 있으며, 아버지의 영과 함께 생활한다. 영의 몸은 아버지의 영과 아들의 영이 만날 때 드러나는 제단이다. 둘째, 영은 의지와 활동하지 않지만, 영은 생명의 특징이 있기에 의지를 깨울 수 있다. 하나님의 양자의 영이 깨어나면, 그 영은 그리스도의 의지를 깨운다. 또한 그리스도의 의지는 성령을 통해, 육체의 몸이 신령한 것들을 경험할 수 있게 한다. 셋째, 영은 하나님의 영과 사탄의 영이 있다. 하나님의 영은 참된 영으로 생명과 영원의 본질이 있고, 사탄의 영은 거짓된 영으로 사망과 종말의 본질이 있다. 미혹(迷惑)하는 영은 거짓된 사탄의 영에 생명을 부여하고, 종말의 심판을 받아, 불못에 던져질, 사탄의 영을 불멸하는 존재로 숭배하게 한다. 악(惡)은 하나님의 아들의 영을 가진 자가 사탄의 영을 섬기는 우상 숭배이고, 죄(罪)는 하나님의 아들의 의지를 가진 자가 사탄의 의지를 행하는 자기애(自己愛)이다.

마귀의 독트린은 추상적(抽象的) 실재가 현상적(現象的) 실재를 다스리는 것이다. 상(象)이 없는 것들을 형상화하거나, 형이하학적인 현상을 형이상학적인 이론에 종속시키는 관습과 사상이다. 마귀의 독트린은 종교적으로는 하나님을 형상화하여, 금송아지를 세우는 것으로부터, 일상적으로는 음식을 먹거나 결혼하는 풍습에 이르기까지 다양하다. 그 예로, 지금은 미신으로 여기지만, 아기가 태어났을 때, 집 대문에 외부인을 통제하는 금줄을 쳤던 것도 실상은 마귀의 독트린이다. 보이지 않는 세계에 대한 무지(無知)를 이용한 마귀의 가르침은 예수 그리스도의 가르침에 화인을 쏜다.

예수 그리스도로 말미암아 영의 몸이 살아나지 못한 자들은 세 가지 특징을 보이는데, 첫째는 양자의 영을 받지 못했기 때문에, 하나님을 아버지로 섬기지 못한다. 하나님을 아버지로 섬기지 못하는 것은 하나님의 영과 자신이 영이 다르기 때문이다. 둘째는 우상을 숭배한다. 우상 숭배는 하나님의 형상을 땅 아래 있는 물질적인 것들로 우상을 만들어 숭배하는 것이다. 그들의 영의 몸은 하나님의 영의 몸과 생활하지 못하기에, 그들은 하나님께 나아가는 영적 예배를 드릴 수 없다. 그래서 그들은 자신들을 위하여, 금송아지를 만들어, 그 앞에서 영적 예배가 아닌, 육체적 예배를 드린다. 셋째로 하나님의 이름을 거룩하게 여기지 못한다. 하나님은 그분의 아들인 예수 그리스도에게 그의 모든 나라를 주셨다. 그리고 그분의 이름을 거룩히 여기도록, 모든 기도와 찬양, 말씀에 있어서 예수 그리스도의 이름만을 허락하신다.

say 3

하나님이 기뻐하시는 몸은 죄 있는 자기애의 몸이 아닌,
예수 그리스도 안에서 거듭난 형제애의 몸이다.

4. 육의 몸의 세 가지 특징

디모데전서 5장 21절
하나님과 그리스도 예수와 택하심을 받은 천사들 앞에서 내가 엄
히 명하노니 너는 편견이 없이 이것들을 지켜 아무 일도 불공평하
게 하지 말며

인간의 몸은 하나님이 아담을 창조할 때의 몸과 창조 이후, 아담이
죄를 지을 때의 몸과 형상적(形相的)으로 차이가 없다. 몸의 형상은 죄의
유무에 따라 변화되지 않는다. 이것은 죄가 인간의 형상을 변화시킬 수
없으며, 죄에 대한 책임이나 죄에 대한 심판이 인간의 형상을 변화시킬
수 없음을 의미한다. 많은 사람들은 죄가 인간의 육체적 형상에 어떠한
변화를 가할 것이라고 기대하지만[7], 실상, 죄는 의지의 형상을 변화시
키고, 의지에 대한 책임을 물으며, 의지를 심판한다. 의지는 죄에 따라
심판받을 몸으로 부활하거나, 의에 따라 영광 받을 몸으로 부활한다.
아담은 선악과를 먹고, 그의 눈이 밝아져 자신의 벗은 몸을 보게 된

---

7) 악마와 죄인들의 형상을 기괴하거나 비루하게 묘사함

다. 죄를 짓기 전에 아담은 자신의 벗은 몸을 보지 않고, 하나님의 영광된 몸을 보았다. 그러나 아담은 죄를 지은 후, 하나님의 영광된 몸을 볼 수 있는 영의 몸을 잃게 된다. 대신, 자신의 육의 몸을 봄으로 육의 몸을 얻게 된다. 육의 몸은 세 가지의 특징이 있다. 첫째, 자신의 몸만 볼 수 있다. 자신의 몸만 볼 수 있다는 것은, 육의 눈은 자신의 몸에 관하여만 알 수 있다는 것이다. 육의 눈으로는 영이신 하나님을 볼 수 없다. 또한 육의 눈으로는 형제의 몸이나 마음, 그리고 형제의 영도 볼 수 없다. 그러므로 죄는 인간의 영의 몸을 잠들게 하여, 영의 눈으로 하나님을 알고, 형제의 마음을 아는 것을 막는다. 반대로 육의 몸을 깨워, 육의 눈으로 자신만 보고, 자신만 알게 만든다.

둘째, 육의 몸이 경험하는 모든 것은 아버지로부터 분리된 두려움을 기피(忌避)한다. 육의 몸이 가장 중요하게 여기는 것은 두려움에 대한 보호와 공격이다. 육의 몸은 모든 두려움에서 자신을 보호한다. 이를 위해, 자신을 둘러싼 자연적, 인문적, 사회적 환경을 공격하고 점령한다. 아담이 죄를 짓고 하나님의 음성을 피하여 숨은 것은, 그의 영이 한 것도 아니고, 그의 의지가 한 것도 아닌, 그의 벗은 몸이 두려움에 대하여 기피 반응한 것이다. 육의 몸은 세 번의 두려움에 직면한다. 한 번은 아담의 죄로 인하여, 영의 아버지로부터 분리되는 두려움이고, 또 한 번은 육의 형제의 죄로 인하여, 육의 형제로부터 분리되는 두려움이고, 마지막으로는 자신의 죄로 인하여, 자신의 몸[8] 으로부터 분리되는 두려움이다.

---

8) 자신이 낳은 자식(子息).

셋째, 육의 몸은 모든 내적, 외적 환경에 반응한다. 육체의 몸은 외부 환경에 영향을 받아 반응할 뿐만 아니라, 내면의 세계에 위치한 의지의 영향도 받는다. 그래서 육의 몸은 마음의 의지 작용으로 사용될 수도 있고, 외부환경의 경험으로 인한 사고(思考) 작용으로 사용될 수도 있다. 전자의 경우는 심리적 영향을 받는 것이고, 후자의 경우는 정신적 영향을 받는 것이다. 시시포스가 큰 돌을 산꼭대기로 올리는 것은 의지 작용으로 몸을 사용하는 것이라면, 돌이 도로 아래로 굴러떨어지는 것을 좇는[9] 것은 사고 작용으로 몸을 사용하는 것이다. 이로 인해, 육의 몸은 의지가 죽거나 경험의 세상이 끝나기 전까지 안식하거나 만족하지 못한다.

say 4
말씀을 묵상하는 것은 마음에 쌓인 생각들을 깨끗이 청소하는 것이다.

---

9) 목표나 이상, 행복 따위를 추구하다.

5. 예수 그리스도의 독트린

디모데전서 6장 5절
....
마음이 부패하여지고 진리를 잃어 버려 경건을 이익의 방도로 생
각하는 자들의 다툼이 일어나느니라
....

예수를 따랐던 많은 사람이 더 이상 예수를 따르지 않게 된 계기는
무엇일까? 수많은 무리들은 바라바를 풀어주고, 예수를 십자가에 죽이
라고 외쳤다. 인정도 없고, 의리도 없고, 믿음도 없는 사람들이라 말할
수 있겠지만, 막상 동일한 상황이 일어난다면, 우리 역시 그들과 다른
선택을 하는 것은 쉽지 않을 것이다.

예수를 따르던 많은 무리들은 예수를 통해 저마다 기대하는 변화가
있었다. 영적인 삶을 추구하는 사람들, 특히 경건주의자(바리새인)들은
예수에게 끊임없이 엘리야의 표적과 기적을 요구했다. 또한 유대주의자
(사두개인)들은 그들의 민족의식을 저해하는 로마의 인문 사회적인 영향
을 극복하는 대안으로, 예수가 전하시는 하나님의 나라에 대한 복음
을 통하여, 유대공동체의 회복을 기대했다. 병든 자들은 병을 고침 받
고, 가난한 자들은 부유해지거나 삶에 있어 벼랑 끝에 몰린 자들은, 예

수를 통하여 실제적으로 구원받는 삶을 기대했다.

유대인들이 하나님의 아들인 예수를 그리스도로 보지 못했던 이유는 그들의 기대가 영의 신성화와 마귀의 독트린[10]을 따랐기 때문이다. 다시 말해, 영의 신성화를 깨부수기 위해, 예수 그리스도는 우리에게 오셨고, 마귀의 독트린을 폐하기 위해서, 그는 우리에게 성령을 주셨다. 영의 신성화를 깨부순 예수 그리스도가 전한 말씀은 무엇인가?

첫째는 자신의 몸을 먹으라고 하신 말씀이다. 그가 주신 몸은 하나님의 양자의 몸이다. 양자의 몸은 양자의 영과 양자의 의지가 작용한다. 예수 그리스도의 몸은 마리아의 몸에서 태어났지만, 요셉의 의지가 작용하지 않는다. 예수 그리스도의 몸은 피와 혈이 흐르지만, 성령이 역사하는 언약의 몸이다. 그래서 하나님이 거하시는 제단에 나아갈 수 있게 한다. 영의 몸이 살아난 아들은 제사장으로서 하나님의 이름을 거룩하게 받고, 하나님의 제단을 지킨다. 아버지의 거룩한 이름을 가진 자가 어떻게 영의 신성화에 따른 우상 숭배나 다신 숭배를 할 수 있겠는가?

둘째는 성령을 받으라는 말씀이다. 성령은 모든 것 곧 하나님의 깊은 것까지도 통달하신다. 예수 그리스도가 부활하신 이후, 성령을 주신 것은 보이지 않는 추상적인 실재들에 대한, 무지와 오해를 제거하므로, 하나님의 지혜와 지식을 공급하기 위해서다. 예수 그리스도의 부활을 믿는 자들은 보이지 않는 세계에 대한 성령의 가르침을 받는다. 이 가르침은 마귀의 사상을 단순히 미신으로 여기는 것을 넘어, 성령이 중

---

10) 산당을 통한 혼합주의 섬김 및 토속 전통.

명하시는 하늘의 신령한 것들을 지각하여, 관습과 사상에 녹아있는 마귀의 흔적까지도 제거할 수 있다.

이를 통해, 영과 의지, 몸은 경건(敬虔)한 삶을 살 수 있다. 영의 경건은 아버지 안에 있는 아들의 예배이다. 아버지의 영과 아들의 영은 분리된 차원에 있지만, 성전이란 신령한 세계 안에서 하나가 될 수 있다. 아들은 아버지로부터 상속받은 유산과 유업 속에 숨겨진 아버지의 언약을 발견한다. 마음의 경건은 아버지의 크신 은혜를 발견한 아들이 자기 자신을 죄인으로 고백하는 겸비(謙卑)[11]이다. 겸비를 통해, 아들은 마음 안에 써놓은 자기지문(自己誌文)[12]을 지울 수 있다. 몸의 경건은 언약이 성취된 몸을 형제들에게 나누는 것이다. 예수 그리스도께서 십자가에 못 박혀, 그의 몸을 형제들에게 나눌 때, 마귀가 얼마나 놀랐겠는가!

say 5

예수 그리스도의 공동체는 하나님의 선한 일을 기대하며,

믿음의 비밀이신 예수 그리스도의 의지를 통해,

경건의 비밀이 역사하는 예수 그리스도와 같은 몸을 가진 자들이다.

---

11) 겸손과 비천

12) 자기의 신분에 대한 기록

6. 예수를 신화화하고, 전통화시키는 다른 복음

디모데전서 1장 3-5절

내가 마게도냐로 갈 때에 너를 권하여 에베소에 머물라 한 것은 어떤 사람들을 명하여 다른 교훈을 가르치지 말며, 신화와 끝없는 족보에 몰두하지 말게 하려 함이라 이런 것은 믿음 안에 있는 하나님의 경륜을 이룸보다 도리어 변론을 내는 것이라. 이 교훈의 목적은 청결한 마음과 선한 양심과 거짓이 없는 믿음에서 나오는 사랑이거늘

하나님의 경륜은 하나님의 의지를 반영한다. 하나님의 의지는 자기희생(自己犧牲)으로 흠이 없으며 온전하시다. 또한 하나님의 의지는 창세 이전에 예지예정(豫知豫定)[13]으로 어떠한 역학적(易學的) 방해 요소를 받지 않는다. 하나님의 의지에는 공의(公義)가 있다. 하나님의 공의는 공평(公平)과 정의(定義)[14]로 이루어진다. 공평은 율법이 가진 이치이고, 정의는 은혜가 가진 이치이다. 하나님의 율법은 죄를 위한 것이다. 그래

---

13) 창세 이전의 앎과 행위는 창세 이후에 발생된 역학적 변화 요인에 영향을 받지 않는다.

14) 하나님의 정의는 옳음의 정의(正義) 아닌, 이미 정해지고, 예정된 정의(定義)이다.

서 율법은 공평의 이치로 죄에 작용한다. 하나님은 모든 죄에 공평하시다. 하나님의 심판은 죄의 분량이나, 죄인의 특성에 따라 심판되는 것이 아닌, 죄가 있는 모든 자들을 공평으로 심판받게 한다. 이에 반해, 하나님의 정의는 은혜의 이치로 의에 작용한다. 그리스도의 생명을 가진 모든 자는 그들의 공로에 상관없이 예정된 구원에 이른다. 이것이 하나님의 의이다.

다른 복음은 예수를 신화화(神話化)하고, 그리스도를 전통화(傳統化)하는 것이다. 다른 복음은 두 가지 양상으로 만들어진다. 하나는 역사적 예수를 신화화하여, 그가 마리아의 몸에서 태어난 것을 부인한다. 예수의 육체를 부인하는 다른 복음에는 하나님의 자기희생의 의가 작용하지 않아, 그리스도의 의지와 성령으로 거듭나는 비밀[15]이 열리지 않는다. 현세에 거듭남이 없으면, 마지막 날에 일어날 사망과 음부의 심판을 지각할 수 없다.

이로 인해, 예수 그리스도 안에서 씻김 받는 속죄가 아닌, 죄로 인한 차별 속에서 사망의 날을 살아가게 한다. 예수를 신화화하는 것은 공평이 없는 율법을 만들기 때문에, 자신의 죄를 감추기 위해 수많은 영지적(靈智的) 장치들을 만든다. 영지적 장치는 영을 의지나 경험으로 나타내는 것으로 흡사 마술과 다르지 않다. 또한 영적인 지식과 그 지식으로 만들어진 종교적 신권을 위탁받은 자들[16]을 숭배하는 희괴한 믿음 속에 살게 한다.

---

15) 그리스도의 의지와 성령의 지각으로 태어나는 것.
16) 고대국가의 왕이나 동서고금의 모든 이단 교주들.

다른 하나는 그리스도를 전통화하여, 그리스도가 부활하심으로 성취한 하나님과의 화목을 무효화한다. 전통에 의하면, 그리스도는 죽을 수 없는 분이기에, 그리스도의 죽음은 그들에게 일어날 수 없는 일이다. 그리스도가 죽지 않으면 그리스도의 부활은 없다. 예수가 죽은 것은 그리스도가 죽은 것이고, 예수가 부활한 것은 그리스도가 부활한 것이다. 하나님의 정의는 그리스도 안에 감춰져 있기에, 그리스도의 부활을 부인하는 자는 보좌의 비밀[17]을 알 수 없다. 보좌의 비밀을 알지 못하는 자들은 열면 닫을 사람이 없고, 닫으면 열 사람이 없는 예수 그리스도가 주신 열린 문이 없기에, 하늘의 예루살렘을 기다리기보다, 땅에 예루살렘을 세우는 일에 열중한다. 또한 이를 통해, 정의에 조건과 채무를 부여한다.

예수 그리스도를 신화화하고, 전통화하는 다른 복음에 빠지지 않기 위해서, 교회는 세 가지 마음을 가져야 한다. 첫째는 청결한 마음이다. 청결한 마음은 예수 그리스도가 가르쳐주신 복음 외에, 아무것도 마음에 담지 않는 것이다. 둘째로 선한 양심을 가져야 한다. 선한 양심은 예수 그리스도의 십자가와 부활로 만들어진 하나님 아버지의 마음이다. 선한 양심은 자신의 노력이나 종교적 행위로 만들어지는 것이 아닌, 예수 그리스도의 대속과 화목을 통해서만 공유된다. 셋째로 거짓 없는 마음이다. 거짓 없는 마음은 하늘의 신령한 것들이 담긴 마음이다. 하늘의 신령한 것들은 요란한 예언이나 묵시가 아니더라도, 예수 그리스도의 구원과 심판을 믿는 자들에게 나타나는 일상적인 회개와

---

17) 몸의 부활을 통해, 보좌의 생명이 허락되는 것.

용서이다.

say 6
법은 죄인과 의인을 위한 전혀 다른 두 가지가 있다.

죄인을 위한 법은 자기를 위해 벌 받지 않는 행위를 가르치지만,

의인을 위한 법은 형제를 위해 상 받는 자기희생을 가르친다.

2장
예수 그리스도의 믿음

아들의 영이 아버지의 영이 아닌, 다른 영에 경배하면, 아들의 영은 영의 몸을 잃어, 활동할 수 없게 된다. 마귀가 천하만국을 보여주며, '경배(敬拜)하라' 하는 것은 예수의 영과 하나님의 영을 분리시켜, 아들의 영의 몸을 죽이기 위함이다.

1. 긍휼과 자비를 받은 자에게 찾아오는 시험

야고보서 1장 3절
이는 너희 믿음의 시련이 인내를 만들어 내는 줄 너희가 앎이라

하나님의 의지에는 공격(攻擊)과 상처(傷處)가 없다. 하나님이 주시는 긍휼(矜恤)의 사랑은 생각이나 꾀로 만들어진 모략적 사랑이 아닌, 자녀들이 지은 죄를 씻겨주는 자기희생(自己犧牲)의 사랑이다. 하나님이 주시는 자비(慈悲)의 사랑은 다른 이의 소유를 약탈하여, 그것을 나누어주는 것이 아닌, 온전한 하나님의 소유를 베푸는 것이기에, 자비를 받은 자녀들은 그들이 갚아야 할 빚이 없다. 그러나 하나님의 긍휼과 자비는 신앙의 체험에서 일어나는 기분 좋은 변화만 있는 것이 아니다. 오히려 난해하고 당황스러운, 혹은 생각지도 못한 엉뚱한 변화들도 찾아온다.

하나님의 사랑은 하나님의 의지로 만들어졌다. 따라서 하나님의 사랑을 받는 자는 하나님의 의지와 마주하게 된다. 하나님의 의지를 받은 자들은 그들의 내면의 세계에, 전혀 다른 두 가지 마음을 갖게 된다. 하

나는 자기(自己)가 자신(自身)을 위해, 이기적 의지로 만든, 자아(自我)[1]의 마음이고, 다른 하나는 예수가 하나님을 위해, 자기희생(自己犧牲)으로 만든 그리스도의 마음이다. 그래서 하나님의 사랑을 받은 자는 성령에게 이끌리어 마귀에게 시험을 당한다.

마귀는 매우 궁금했을 것이다. 그리스도의 의지와 성령으로 태어난, 하나님의 아들은 도대체 어떤 육체와 어떤 의지와 어떤 영의 몸을 가졌을까? 첫 번째 시험에서 마귀는 예수의 육체를 시험한다. 40일 동안 굶주린 육체의 몸은 분명, 떡과 물이 갈급하다. 기도와 말씀으로 훈련된 예수는 어떤 방법으로 돌을 떡으로 만들까? 그러나 마귀의 예상은 빗나갔다. 예수는 "기록된 바, 사람은 떡으로만 살 것이 아니라"(눅 4:4)고 대답하며, 육체를 살릴 수 있는 것이 떡이 아니라 말씀임을 밝힌다. 사람의 육체는 원래 말씀으로 만들어졌다. 이것은 사람만 해당하는 것이 아니다. 하나님은 우주 만물을 말씀으로 창조하셨다. 육체의 생명은 배고픔을 채우는 떡이 아니라, 육체를 만든 하나님의 말씀을 먹는 것이다.

두 번째 시험에서 마귀는 예수의 의지를 시험한다. 의지는 자기의 소욕(所欲)을 담기 위해 마음을 만든다. 자고 싶고, 먹고 싶고, 탐하고 싶고, 갖고 싶고, 나타내고 싶은 오욕(五慾)은 의지가 만든 마음들이다. 마귀는 성전 꼭대기에 예수를 세우고, 뛰어내리라 한다. 그럼 하나님이 '너를 위하여' 천사들을 명해서 살려주실 거라 시험한다. 성전(聖殿)은 하나님의 집이며, 하나님의 안식(安息)이 있는 곳이다. 안식은 오직 하나

---

1) 자아는 에고이다.

님을 위한 시간이다. 그런데, 하나님의 안식을 방해하는 유일한 의지가 사람이 가진, 이기적 의지(利己的 意志)이다. 그 옛날 아담은 이기적 의지로 선악과를 먹었지만, 예수는 하나님의 안식을 위해, 사탄을 쫓아냄으로 이타적 의지를 나타내셨다.

세 번째 시험에서 마귀는 예수의 영의 몸을 시험한다. 영은 생명이자, 영원이다. 영은 영의 몸이 있다. 육체의 몸은 분리의 몸이지만, 영의 몸은 하나 됨의 몸이다. 육체는 아버지에게서 분리되고, 어머니에게서 분리된 몸이지만, 영의 몸은 아버지의 영이 아들의 영과 하나 될 때, 아버지의 영의 몸이 되고, 아들의 영이 아버지의 영과 하나 될 때, 아들의 영의 몸이 된다. 따라서 아들의 영이 아버지의 영이 아닌, 다른 영에 경배하면, 아들의 영은 영의 몸을 잃어, 활동할 수 없게 된다. 마귀가 천하만국을 보여주며, '경배(敬拜)하라' 하는 것은 예수의 영과 하나님의 영을 분리시켜, 아들의 영의 몸을 죽이기 위함이다. 천하만국을 예수에게 주기 위함이 아니라, 예수를 통해, 하나님의 천하만국을 빼앗기 위함이다. 그러나 예수는 하나님 한 분만을 경배함으로, 영의 몸을 지키셨다. 이후, 천사는 하나님께 수종을 들 듯, 예수 그리스도께도 수종을 든다.

say 7
하나님의 자비로 허락된 하나님의 것들을 세속적 자기 소유로 여기지 말라. 담은 그릇이 더러워지면 거룩함이 소멸될 뿐 아니라, 이내 그릇 또한 깨진다.

2. 믿음의 영향을 받는 마음과 몸

야고보서 2장 5절
내 사랑하는 형제들아 들을지어다 하나님이 세상에서 가난한 자를
택하사 믿음에 부요하게 하시고 또 자기를 사랑하는 자들에게 약
속하신 나라를 상속으로 받게 하지 아니하셨느냐

둘 이상으로 이루어진 공동체는 믿음의 유무에 따라, 생성되기도 하
고 파괴되기도 한다. 그래서 믿음을 공유하는 사람들은 서로에게 지속
적으로 믿음을 확인한다. 의미나 가치를 추구하는 공동체에 있어서, 믿
음의 중요성은 두말할 나위가 없다. 마음은 육체의 몸에 영향을 주고,
육체의 몸은 마음에 영향을 준다. 마음이 아프면 육체의 몸이 아프고,
육체의 몸이 아프면 마음도 아프다. 더욱이 육체의 몸이 죽으면 마음
도 사라진다.

의지는 믿음을 통하여, 자신이 위치한 내면의 세계에, 다른 이의 의지
를 초대하여 머물게 한다. 믿음은 의지가 자신의 마음을 다른 의지에
게 평화로운 방법으로 내어주는 것이다. 그러므로 믿음은 단순히 상대
방을 알거나, 이해한다는 의미 이상이다. 왜냐하면 믿음을 통하여 내

면의 세계에 영접된 다른 존재의 의지가 자신의 마음과 몸에 영향을 미칠 수 있기 때문이다. 이것은 믿음으로 내 마음에 들어온, 다른 이의 의지가 나의 생각에 영향을 미쳐, 사고체계를 변경할 수 있으며, 나의 마음에 영향을 미쳐, 의지체계를 변화시킬 수 있다는 것이다. 따라서 우리의 몸과 마음은 믿음의 대상이 되는 부모나 형제, 친구, 혹은 계급적 관계에 위치한 자들의 생각뿐만 아니라, 다른 이의 철학이나 재물, 종교적 교리대로 사용될 수 있다.

구약에 있어서, 하나님은 이스라엘에게 모세와 모세의 율법을 주셨다. 출애굽 전에 하나님의 의지는 모세를 통해, 출애굽 이후 하나님의 의지는 모세의 율법을 통해 나타내셨다. 모세와 모세의 율법을 믿음으로 영접한 자들은 그들의 생각과 행동에 하나님의 말씀이 작용하여, 하나님의 변화된 백성으로 살았지만, 그렇지 않은 자들은 그들의 생각과 행동을 모세와 하나님을 대항하는 곳에 사용하다가 죽음을 맞이한다. 신약으로부터 오늘날에 이르기까지, 그리스도인들은 하나님의 아들인 예수 그리스도를 믿어, 그의 말씀을 받은 자들이다. 예수 그리스도를 영접한 자들은 그리스도의 말씀에 의해, 그들의 생각과 행동이 변화되지만, 예수 그리스도를 영접하지 않은 자들은 예수를 부인할 뿐 아니라, 말씀과 하나님도 모르며 살아간다.

그런데 더욱 주목할 점은 믿음으로 작용되는 변화가 생각과 행동뿐만 아니라, 내면의 세계에 존재하는 마음에 끼치는 변화이다. 믿음은 믿음의 대상이 되는 존재가 바라는 것의 실상(實像)[2]을 보여주고, 보이

---

2) 내가 바라는 것의 실상도 이에 포함된다.

지 않는 것들에 대한 증거(證據)를 마음에 준다. 예를 들어, 자기 자신에 대한 믿음이 있는 자는, 자기 자신이 바라는 것들에 대한 실상을 알게 된다. 그러나 자기 자신에 대한 믿음이 없는 자는, 자신이 바라는 것들이 무엇인지도 모를 뿐만 아니라, 바라는 것이 있다고 할지라도 그 실상을 알지 못한다. 그리스도인들이 예수 그리스도에 대한 믿음이 있을 때, 그들의 의지는 예수 그리스도가 바라시는 것의 실상을 알 수 있지만, 예수 그리스도에 대한 믿음이 없다면, 그들의 의지는 예수 그리스도가 바라는 것의 실상을 알 수 없다.

우리는 가끔 보이지 않는 세계나 존재들을 보거나, 알기 위해 쓸데없이 욕심을 부리거나, 시간을 낭비할 때가 있다. 보이지 않는 세계나 존재는 결코 볼 수 없다. 그러나 믿음이 있다면, 보이지 않는 세계나 존재들이 있다는 증거를 발견할 수 있을 것이다. 부모나 가족이나 연인을 비롯한 공동체의 구성원들이 서로에 대한 믿음이 있다면, 그들은 그들의 지각으로 볼 수 없는 세계에 대한 증거를 찾게 된다. 예수 그리스도를 믿는 자들은 믿음으로, 믿음의 대상인 예수 그리스도가 활동한 이전 일과 현재 일과 이후 일을 알 수 있는 증거를 갖게 된다. 뿐만 아니라, 부활의 증거를 통해, 그들의 지각으로 확인할 수 없는 보좌의 권세를 믿음으로 누릴 수 있다.

say 8

믿음을 통하여 내면의 세계에 들어온 다른 이의 마음이
나의 마음과 행위를 사용할 수 있다.
----

3. 믿음의 두 가지 종류와 그 특성

야고보서 3장 2-3절
- - - - - - - - - - - - - - - - - -
우리가 다 실수가 많으니 만일 말에 실수가 없는 자라면 곧 온전
한사람이라 능히 온 몸도 굴레 씌우리라, 우리가 말들의 입에 재갈
물리는 것은 우리에게 순종하게 하려고 그 온 몸을 제어하는 것이
라
- - -

믿음으로 다른 존재의 의지를 영접하는 것은 모든 대상에 해당되지
않는다. 왜냐하면 다른 의지를 영접할 때는 그 의지에 대한 공경(恭敬)
이 전제되기 때문이다. 공경은 조건 없는 희생적 사랑인 긍휼과 채무의
빚이 없는 자비에서 발생한다. 왕에 대한 신하의 공경, 스승에 대한 제
자의 공경, 부모에 대한 자녀의 공경이 이에 해당한다. 기독교 공동체
에 있어서 공경은 성부 되신, 하나님 아버지에 대한 자녀의 공경과 성자
되신, 구원의 왕 예수 그리스도에 대한 백성의 공경, 지혜와 진리의 스승
되신, 성령님에 대한 제자의 공경으로 성부와 성자, 그리고 성령을 영접
할 수 있다.

믿음의 종류에는 두 가지가 있다. 하나는 긍정의 믿음으로 내면의
세계에 믿음의 대상이 되는 의지를 영접하므로, 그 마음이 즐겁고 안정

되는 것이다. 이 믿음은 참된 믿음으로 '영접받은 의지'가 '영접한 의지'를 훈계(訓戒)[3] 함으로 어떠한 상황과 사건 속에서도 자신의 마음을 안정되게 지키게 한다. 훈계는 의지를 교육하는 것이기에, 군사부(君師父)[4]의 자연적 언약이 있는 관계에만 공격이나 상처 없이 작용한다. 거듭남으로 태어난 속사람은 하나님께서 성부 아버지 되시고, 성령이 스승 되시며, 성자 예수가 왕 되신 것을 자연적으로 안다. 그래서 하나님의 말씀을 마음의 양식을 삼고, 성령의 법을 마음에 새기며, 예수의 나라에 마음을 머물게 한다.

또 다른 하나는 부정의 믿음이다. 부정의 믿음은 내면의 세계에 믿음의 대상이 되는 의지를 영접하므로, 그 마음이 두렵고, 불안정하게 되는 것이다. 이 믿음에는 잘못된 믿음과 거짓된 믿음이 있다. 잘못된 믿음은 조건 없는 사랑인 긍휼과 채무의 빚이 없는 자비를 베풀지 못하는 군사부(君師父)를 믿을 때 만들어진다. 왕이지만, 적으로부터 마음을 지켜주지 못하고, 스승이지만 진리를 가르쳐주지 못하고, 아버지이지만 생명의 양식을 주지 못하는 자들이다.

그럼에도 이미 그들의 의지를 영접하였기에, 마음 안에 잘못된 군사부의 의지가 작용하는 것을 막을 수 없다. 이 잘못된 믿음은 끔찍하게도, 영접된 의지들이 죽기 전에는 사라지지 않는다.[5] 이러한 믿음은 주로 의지가 연약하거나, 무지할 때 발생한다. 자아가 성장하기 이전, 어

---

3) 훈계(訓戒)는 의지를 타일러서 마음을 경계시키는 것이다.
4) 태어나니 나의 왕, 태어나니 나의 아버지, 태어나니 나의 스승.
5) 거듭나지 않으면, 죄로 만들어진 의지들을 제거할 수 없다.

린 시절의 폭행이나 충격, 무자비한 환경에서 발생하는 좌절이나 고난, 예기치 않은 사고나 사건에 의한 상처를 받을 때이다.

이와 달리, 거짓된 믿음은 의지를 영접하지 않고, 믿는다고 말하는 것이다. 믿음의 대상이 되는 의지를 내면의 세계에 영접하지 않으면, 그 의지는 자신의 마음과 몸에 영향을 미치지 못한다. 아버지에게 '예'라고 대답한 후, 아버지의 말씀을 따르지 않는 것은, 그의 내면의 세계에 아버지의 의지가 없기 때문이다. 자신의 의지가 아버지의 말씀에 동의될 때는, 얼마든지 생각과 행동으로 아버지의 말씀을 따르지만, 자신의 의지가 아버지의 말씀에 동의되지 않을 때는, 어떠한 압력과 편의가 제공되어도 아버지의 말씀을 따르지 않는다. 그러므로 율법이나 성령의 법은 그것을 주신 분의 의지를 영접하라는 것이지, 율법의 조문을 외우거나, 성령의 능력을 탐하라고 주신 것이 아니다.

say 9

입을 조심해도 악한 마음을 감출 수 없고,

머리가 좋다고 위로부터의 지혜가 있는 것이 아니다.

참된 믿음만이 마음을 평안하게 하고 위로부터의 지혜를 받아

생각과 행동을 공손하게 한다.

4. 마음의 세속화와 사유화

야고보서 4장
. . . .
그러나 더욱 큰 은혜를 주시나니 그러므로 일렀으되 하나님이 교
만한 자를 물리치시고 겸손한 자에게 은혜를 주신다 하였느니라
. . . .

마음은 육의 몸이 인식할 수 없는, 영의 몸의 존재를 알 수 있는 통로
이다. 또한 영의 몸은 마음을 통하여 육의 몸을 치유하고, 정결하게 사
용한다. 제단에 드려지는 제물은 육의 몸이지만, 그 제물을 인침으로
받는 분은 영의 몸이다. 마음이 없다면 영은 영이고, 육은 육인데, 어떻
게 영의 몸이 육의 몸을 치유하고, 육의 몸이 영의 몸을 섬길 수 있겠는
가? 육의 몸은 육의 몸으로 유전되고, 영의 몸은 영의 몸으로 유전될 뿐
이다. 그러나 예수 그리스도는 속죄(贖罪)와 화목(和睦)의 마음을 통해,
육의 몸을 하나님께 드리고, 영의 몸을 하나님의 양자된 자들에게 상속
했다. 이를 통해, 옛 법을 폐하시고, 새로운 법을 세우셨다.

믿음은 내면의 세계에 이기적 자아(自我) 이외에, 다른 존재의 의지를
공생하게 한다. 믿음을 통하여, 자신의 마음을 강화할 수 있고, 반대
로 약화할 수 있다. 내 안에 있는 내 마음이 내 의지에 따라 작용하는

것이 아닌, 다른 이의 의지가 작용하여, 나의 마음을 변하게 한다. 영접한 의지들이 훌륭할 때는 내면의 세계를 풍요롭고 평화롭게 만들 수 있지만, 이와 반대로 영접한 의지들이 비루할 때는 내면의 세계를 어지럽고 허탄하게 만든다.

잘못된 믿음을 가진 자들의 내면의 세계는 매우 어지럽고 허탄하다. 아버지의 의지가 아닌 마음을 아버지라고 하고, 스승의 의지가 아닌 마음을 스승이라고 한다. 또한 왕의 의지가 아닌 마음을 왕이라고 한다. 이러한 의지들은 실제적으로 아무것도 해 줄 수 없다. 그럼에도 이미 내면의 세계에 위치했기 때문에, 그 역할을 해야 한다. 그래서 그들은 세상에 있는 아버지나 스승, 왕의 마음들을 모방한다. 원래 군사부(君師父)[6]는 자연적 언약[7]으로 만들어진 믿음의 관계이므로, 마음이 영의 몸의 훈계를 받을 수 있지만, 거짓된 믿음은 쌍무적 언약으로 만들어진 믿음이므로, 마음이 영의 몸의 훈계를 받을 수 없기에, 할 수 없이 육의 몸의 교훈을 받게 된다. 이것이 마음의 세속화(世俗化)이다. 세속화는 잘못된 믿음으로 말미암아, 영의 몸이 활동하지 못해서 육의 몸을 이용하여, 세상이 만든 경험적인 지식과 철학[8]들을 마음에 채우는 것이다.

이에 반해, 거짓된 믿음을 가진 자들의 내면의 세계는 매우 어둡고 공허하다. 그들의 내면의 세계에는 자기 자신인 에고와 에고가 만든 마

---

6) 긍휼과 자비를 베푸는 군사부(君師父).

7) 창조주의 의지가 공유되는 언약.

8) 경험적인 지식과 철학은 의지의 몸인 마음이 아닌, 육의 몸에 저장해야 한다.

음밖에 없다. 그래서 이들은 자신의 공허한 내면을 감추기 위해, 엄밀하게 말하면 의지의 약함과 외로움을 감추기 위하여, 외연의 세계에 자신의 의지를 형상화(形象化)한다. 의지는 내면의 세계에서 마음을 만들고, 마음을 성장시키고, 마음을 지켜야 한다. 그러나 이들은 육체의 사유화(私有化)[9]를 통해, 그들의 의지가 담긴 육체를 만들고, 육체를 성상시키고, 육체를 지키는 일에 전념한다. 의지가 마음의 세계에서 해야 할 일들을 육체의 세계에서 행하게 한다.

say 10

잘못된 믿음으로 만들어진 마음의 세속화는 공손을 잊게 하고, 배움 없는 교만을 생산한다. 교만은 길들여지지 않는 마음과 눈을 치켜뜨고 게으른 무례한 행동이다

---

9) 육체는 자연의 일부이며, 공동체의 부분이다.

5. 믿음을 실천하는 회개

야고보서 5장 5절
너희가 땅에서 사치하고 방종하여 살륙의 날에 너희 마음을 살찌
게 하였도다

우리는 새롭게 변화된 마음과 건강하게 치유된 몸을 위하여, 예수 그리스도 안에 머물고 싶을지도 모른다. 예수를 믿는다고 고백하면, 이러한 변화들이 은혜라는 이름으로, 내 삶에 가득 찾아올 것으로 기대한다. 그러나 성경에 기록된 믿음을 실천하는 삶은 아늑한 평온 속에 있거나, 흥미로운 즐거움 속에 사는 일상이 아니다. 예수 그리스도의 초림의 목적은 이스라엘과 이방인들의 회개였다. "하나님의 나라가 가까이 왔으니, 모두들 기뻐하라!"라고 외치신 것이 아닌, "하나님의 나라가 가까이 왔으니, 모두들 회개하라!"는 선전포고(宣戰布告)이다.

사실, 성경은 '구원(救援)'을 고난이나 역경, 징벌이나 고통의 시간에서 말하는데, 우리는 구원의 의미를 평안이나 유익, 기쁨이나 풍요의 시간에서 찾고 있다. 분명한 것은 예수 그리스도의 초림의 목적은 회개(悔改)이고, 재림의 목적은 심판(審判)이다. 그러므로 초림과 재림 사이에 살고

있는 자들이 '믿음을 실천하는 삶'을 확인하는 방법은 회개밖에 없다. 그런데 이렇게 중요한 회개를 기피하는 이유는 무엇일까?

첫째는 회개와 세례(洗禮)를 상호적으로 일어나는 입교를 위한 신앙 체험으로 여기기 때문이다. 세례는 그리스도인으로서 교회의 일원임을 확증하는 일회적(一回的) 성례(聖禮)이다. 세례가 일회적 성격이 있다고, 회개까지 일회적 성격이 있는 것은 아니다. 둘째는 회개와 죄의 상관성이다. 믿음이 있는 자가 회개하는 것은, 죄를 시인하는 것과 다르지 않다. 자칫, 죄를 고해하는 회개는 믿음이 없는 자로 비칠 수도 있다. 셋째는 회개의 범위와 정결함의 확인이다. 도대체 어디서 어디까지 회개해야 하는가? 회개했다고 하는데, 죄 용서를 확인하는 정결함은 어디서 확인받을 수 있는가?

회개는 공적 승인(承認)이다. 회개는 죄인 된 것을 고백하고, 예수 그리스도의 이름으로, 그 죄가 사해졌음을 공적으로 승인하는 예식(禮式)이다. 그러나 이러한 공적 승인은 일회적으로 끝나는 것이 아닌, 교회 공동체 안에서 고해성사(告解聖事)[10]를 통해 지속적으로 진행된다. 또한, 죄는 회개한다고 없어지는 것이 아니다. 다만, 그 죄를 예수 그리스도가 대속(代贖)하였기에 책임을 더 이상 묻지 않는 것이다. 이것은 죄와 회개의 상관성이 아닌, 죄와 예수 그리스도와의 상관성이다. 즉 예수 그리스도와의 지속적인 관계에서 회개는 유효할 수 있다. 그러므로 회개는 믿음을 실천하는 삶을 살아가는 자들에게만 일어나는 특별한 신앙생활이다.

---

10) 가톨릭에서는 행해지지만, 개신교에서 행해지지 않는 교회생활이다.

회개는 반성(反省)과 참회(懺悔)가 있다. 반성은 위험이나 공격으로부터 상처나 피해를 당하지 않기 위해서 혹은, 다가올 시간을 이롭고 유익하게 대응하기 위해, 생각과 행동을 교정하는 것이다. '잘못했다'고 시인을 하면서, 매번 동일한 실수(失手)나 실족(失足)을 하는 사람들은 미래에 대한 주의나 기대가 없기 때문이다. 육체는 자동적으로 자신의 몸을 방어할 뿐만 아니라, 회생(回生)하는 힘이 있다. 예수 그리스도의 재림이 심판을 위한 것임을 안다면, 한 치 앞도 알 수 없는 지각이 어떻게 반성하지 않고 살 수 있겠는가!

참회는 지나간 의지에 대한 통렬한 뉘우침이다. 시간이 과거로 흘러갔다고, 의지가 만든 마음들이 과거로 사라진 것은 아니다. 예수 그리스도를 만나, 에고가 눈치를 보거나 예전같이 그 마음을 사용하지 않지만, 그 마음은 내면의 세계 어딘가에서 여전히 살아 있다. 이 마음들을 성령의 조명(照明)[11] 으로 불태워 사라지게 하는 것이 참회이다. 그래서 참회할 때는 반드시 눈물이 흐른다. 이것은 몸이 우는 것이 아닌, 마음이 우는 것이다. 두려움과 외로움, 비난과 허탄함, 교만과 분노, 절망과 불신의 마음들이 사라질 때, 나타나는 증거이다. 참회는 에고의 의지(意志)를 버리고, 예수 그리스도의 의지를 따르는 자들에게 나타나는 사랑의 회초리이다.

---

11) 성령 충만

say 11

거짓된 믿음은 내면의 세계에 다른 존재의 마음을 영접하지 않으면서 믿는다고 말하는 것이다. 허무한 꿈과 허무한 생각, 그리고 허탄한 말을 하는 것은 내면의 세계가 비어있기 때문이다.

3장
예수 그리스도의 산 소망

산 소망은 에고에게 일생일대(一生一代)에 가장 중요한 순간을 제공한다.
에고는 스스로 만든 자아이다. 에고는 환상의 생각들을 제공하는 거짓된 존
재이다. 이런 에고가 예수 그리스도가 만든 마음이 하는 일을 바라보면서,
그 마음이 창조주가 만들어주신, 본연(本然)의 자기 마음이란 것을 깨닫게
된다.

1. 믿음과 소망, 그리고 산 소망

베드로전서 1장 3절
우리 주 예수 그리스도의 아버지 하나님을 찬송하리로다 그의 많
으신 긍휼대로 예수 그리스도를 죽은 자 가운데서 부활하게 하심
으로 말미암아 우리를 거듭나게 하사 산 소망이 있게 하시며

믿음은 마음판에 약속(約束)으로 지정된 이름을 새기는 것이다. 내 마음판에 에고의 이름이 아닌, 다른 존재의 이름이 새겨지면, 그 이름의 의지가 내 마음에서 작용한다. 그래서 믿음이 있는 관계에서는 의지의 다름이 발생하여도, 서로를 공격하거나 서로에게 상처를 주지 않는다. 이에 반해, 소망(所望)은 내 안에서 다른 존재가 그의 의지를 작용하여, 그의 마음을 만들 수 있도록, 거처(居處)를 내어주는 것이다. 믿음은 내 마음에서 다른 존재의 의지가 작용하지만, 내 의지가 여전히 작용할 수 있다. 그러나 소망은 의지가 내 안에 있지만, 내가 만든 마음이 아닌, 소망하는 자가 만든 마음에 거하기 때문에, 내가 예전에 만들었던 마음은 점차 그 기능을 잃게 된다.

믿음으로 우리는 예수 그리스도의 이름을 내가 만든 마음판에 새긴

다. 에고에 의해 만들어진, 내 마음에 예수 그리스도의 의지가 작용하면, 그 마음은 예수 그리스도의 의지에 영향을 받게 된다. 이때, 마음은 위로받고, 자존감을 되찾으며, 외롭지 않고, 자발적으로 말씀에 대한 관심이나 흥미를 갖게 된다. 그러나 내가 만든 마음이기 때문에, 여전히 에고의 이기적인 의지는 작용한다. 예수를 믿는데, 행동의 변화가 뒤따르지 않는 것은 에고의 의지가 여전히 작용하기 때문이다. 그래서 믿음에는 정도(程度)의 차이가 있다. 정도의 차이는 마음이 작용할 때, 내 의지가 어느 정도 반영되는지에 따라 달라진다.

희망(希望)은 내가 바라는 일이, 자신의 내, 외적 삶에서 이루어지는 것을 바라는 것이라면, 소망(所望)은 자신의 내, 외적 삶과 관계없더라도, 소망을 이루어주는 존재의 의지가 하고자 하는 것을 바라보는 것이다. 우리가 예수 그리스도의 이름에 소망을 가지면, 그의 의지가 만든, 그의 마음을 내 안에서 바라볼 수는 있지만, 에고의 의지는 예수 그리스도의 의지가 만든 그의 마음에 작용하지 않는다. 오히려 에고의 의지는 자기가 만든 마음의 작용을 멈추기까지, 예수 그리스도의 의지가 만든 마음을 바라보고 동경한다. 그래서 소망에는 정도의 차이가 없다. 작은 소망이든, 큰 소망이든 에고의 의지는 점점 잠잠해지고, 에고가 만든 마음은 점차 그 작용을 멈춘다. '마음을 내려놓는 것'[1]은 에고의 의지가 자기가 만든 마음에 더 이상의 오욕칠정(五欲七情)의 의미를 부여하지 않고, 새로운 마음을 바라보는 것이다.

산 소망은 에고에게 일생일대(一生一代)에 가장 중요한 순간을 제공한

---

1) 소망이 없는 자는 마음을 내려놓을 수 없다.

다. 에고는 스스로 만든 자아이다. 에고는 환상의 생각들을 제공하는 거짓된 존재이다. 이런 에고가 예수 그리스도가 만든 마음이 하는 일을 바라보면서, 그 마음이 창조주가 만들어주신 본연(本然)의 자기 마음이란 것을 깨닫게 된다. 산 소망은 에고가 만든 마음을 정지시킴으로 '에고'를 쉬게 하고, 예수 그리스도가 만든 '참된 나'를 활동하게 한다. 그러므로 산 소망은 내 안에서 작용하던, 오욕칠정(五慾七情)의 거짓된 의지를 사라지게 하고, 아버지를 사랑하고, 형제를 사랑하는 '참된 나'의 인생을 살아가게 한다.

say 12

믿음은 구원의 왕으로 예수 그리스도를 영접하는 것이다. 소망은 예수 그리스도가 내 안에 머무시도록 거처를 내어드리는 것이다. 사랑은 예수 그리스도와 성령으로 거듭나는 것이다.

2. 그리스도의 선재와 어린 양의 예정을 이루는 산 소망

베드로전서 2장 5절

너희도 산 돌 같이 신령한 집으로 세워지고 예수 그리스도로 말미
암아 하나님이 기쁘게 받으실 신령한 제사를 드릴 거룩한 제사장

이 될지니라

    사람은 절대 변하지 않는다는 말이 있다. 그것은 개인적인 성격의 작용 때문일 수도 있지만, 계층적 구조가 작용하여, 변할 수 있는 자유(自由)가 제한되기 때문이다. 또한 죽을 때가 되면, 사람이 변한다는 말이 있다. 현생(現生)을 살면서 사람이 변하는 것이 아니라, 죽을 때가 되거나, 사람이 죽으면 변한다고 한다. 그렇다면 죽는 것과 존재의 변화 사이에 어떠한 연관성이 있을까? 죽음을 모든 생의 끝이라고 생각하는 자들에게는 죽음과 존재 사이에 연관성이 없겠지만, 죽음을 이번 생이 끝나고 다음 생을 위한 귀향으로 생각하는 자들에게는 죽음과 존재 사이에는 인과성이 작용한다.

    예수 그리스도가 죄에서 그를 믿는 자들을 구속하기 이전, 죽음에 대

한 구약의 세계관은 육신의 몸이 죽으면, 영혼은 사망으로 내려가는 것이었다. 이것은 영혼의 거처가 이생에서 사망으로 옮겨지는 것을 의미한다. 거처가 변하면, 존재도 변화된다. 몸이 죽었는데 영혼이 사망의 세계로 가지 않고 이생에 머문다면, 죽음이 존재에 끼치는 영향은 없을 것이다. 그러나 죽음으로 존재가 사망으로 거처를 옮기면, 사망에 속한 존재로 변한다. 즉 사망의 몸으로 살게 된다.

왜 예수 그리스도는 마지막 날, 세상을 심판하러 오시지 않고, 그 이전에 오셨을까? 그리스도의 십자가는 창세 이전에 있었던 창조의 구원이기 때문이다. 아담은 에덴동산에서 추방당한 후, 인간의 세계를 만들고, 하나님의 제단에 양과 염소를 드림으로 하나님의 돌보심을 받았지만, 에덴동산에서 뱀을 통해 받아들인 불순종의 영과 선악과를 따먹은 이기적 의지, 그리고 벗은 자신의 몸을 지각하므로, 그 안에서 이루어지는 하나님의 창조의 시간[2]을 멈추게 했다.

그리스도의 십자가의 구원은 '빛의 제단(祭壇)'이다. 빛의 제단은 생명을 창조하는 권세와 죄악을 심판하는 권세가 있다. '죄 없는' 하나님의 의지이신 그리스도가 십자가를 지심으로, 창세 이후임에도 불구하고, '죄 없는' 생명이 창조되는 그리스도의 선재(先在)가 나타난다. 그리스도의 선재는 의지와 행위로 언약을 나타내는 것이 아니라, 오히려 언약이 의지와 행위에 앞서서 나타난다. 즉 그리스도의 십자가 언약은 의지나 몸이 경험을 통하여 계약하는 것이 아니라, 생명의 빛이 탄생함으로 나타나는 자연적 언약이다. 그리스도의 십자가를 통한 빛의 제단은 예수

[2] 인간의 내면의 세계에 머문 혼돈과 공허, 흑암을 제거하는 창조행위.

가 그리스도임을 믿는 모든 자들에게 그리스도의 의지와 성령의 지각으로 만들어진, 속사람을 낳게 한다. 그렇기 때문에, 속사람[3]이 있는 자는 그리스도의 선재[4] 안에 살게 된다.

또한 그리스도의 부활의 구원은 '하나님의 어린 양 제단'이다. 창세 이후, 드려진 제물들은 모두 죽은 제물이었다. 그러나 그리스도의 부활의 구원은 살아있는 하나님의 어린 양을 드린 제사이나. 예수는 분명, 십자가에서 죽으셨다. 그러나 하나님께서 보좌에서 받으신 어린 양은 '죽은 예수'가 아닌 '부활한 예수'이다. 하나님의 어린 양은 사망의 몸이 아닌, 부활의 몸을 가진 자이다. 하나님의 어린 양은 십자가에서는 죄악을 씻은 제물(祭物)이지만, 보좌에서는 영광을 위한 예물(禮物)이다. 하나님의 어린 양 제단은 예수가 그리스도임을 믿는 모든 자들을 두 번째 사망이 미치지 못하는 어린 양의 예정(豫定) 안에 살게 한다.

산 소망은 예수 그리스도의 선재와 예수 그리스도의 예정을 우리의 내면의 세계에 이루어 준다. 예수 그리스도를 영접하여 거처를 내어드리는 것은 실상 엄청난 일이다. 왜냐하면 태초부터 언약되고, 이루어진 그분의 선재와 마지막 날에 이루어질 언약의 예정이, 예수 그리스도가 거한 내 안에서 이루어지기 때문이다. 나의 영은 더 이상의 나의 영이 아니다. 내 의지는 더 이상 하나님께 불순종했던 이기적 의지가 아니다. 또한 하나님께 드려지는 몸은 아버지와 보좌에서 함께할 성령이 보증하는 '예정된 부활'의 몸이다. 우리는 기꺼이 예수 그리스도의 거룩한

---

3) 그리스도의 의지와 같은 의지를 가진 사람.
4) 에고의 의지 작용이 아닌, 그리스도의 의지가 작용하는 삶.

날에 함께 한다.

하나님의 아들의 영의 몸이 깨어난 곳에는 하나님께 향하는 제단이 세워진다. 하나님 아버지는 그곳을 찾아 거처로 삼으신다. 그 거처가 하나님의 나라이다.

3. 산 소망으로 시작되는 마음의 영성화

베드로전서 3장 18절
그리스도께서도 단번에 죄를 위하여 죽으사 의인으로서 불의한 자
를 대신하셨으니 이는 우리를 하나님 앞으로 인도하려 하심이라
육체로는 죽임을 당하시고 영으로는 살리심을 받으셨으니

운명(運命)은 사망을 향하여 존재를 움직인다. 운명이 사망으로 흐르
는 시간 위에는 눈에 보이는 것들과 눈에 보이지 않는 것들이 놓여 있
다. 물질의 세계는 음(陰)과 양(陽)이란 두 개의 상호역학적인 힘이 서로
작용하여 삼라만상을 발생시키고, 변화하게 하고, 소멸시킨다. 또한
오행(五行)의 물(水)은 젖게 하고, 불(火)은 위로 타오르게 하고, 나무(木
)는 휘거나 곧게 나아가고, 쇠(金)는 형태를 드러나게 하고, 흙(土)은 씨
앗을 뿌려 추수할 수 있게 한다. 이러한 오행의 역학운동은 물질의 세
계를 지배하는 보이지 않는 힘이다.

에덴동산에서 추방당한 아담과 하와가 낳은 가인과 아벨의 의지와

몸[5]은 하나님이 창조한 의지와 몸[6]이 아니다. 가인과 아벨은 아담의 죄 있는 의지와 흙에서 난 것들을 먹고, 흙으로 돌아가는 아담의 사망의 몸으로 만들어졌다. 육신의 몸[7]은 음양으로 만들어지고, 오행의 힘에 이끌리어 사망에 이르게 된다. 이것이 운명(運命)이다. 사망에 이르지 않는 육신의 몸은 없다. 그러나 육신의 몸의 쓰임을 달리하여 사망에 이르지 않게 하는 방법이 있다.

'에고는 스스로 만든 나'인 자아(自我)이다. 에고는 자기 자신을 위한 의지에서 태어났고, 그 의지(意志)[8]는 오욕(五慾)[9]을 지향하고, 칠정(七情)의 마음을 만든다. 이기적 의지가 작용되고, 에고가 태어나고, 죄가 만들어지는 것은 동시적(同時的)이다. 마치 태양이 빛과 열과 힘이 동시에 만들어지듯, 에고와 마음과 죄는 동시에 만들어진다. 에고가 살아가는 방법은 육신의 몸에 자신의 거처를 두는 것이다. 이것은 육신의 몸에 에고가 소망을 두는 것을 의미한다. 에고는 육신의 몸이 사망으로 향하는 운명에 있음을 알면서도, 마음에 오욕을 세우고, 육신의 몸을 칠정을 위해 사용한다. 자신이 사망에서 왔다고 혹은 사망으로 갈 것이라고 어느 누가 솔직하게 말할 수 있겠는가? 그 대신 마음을 영화롭게 세속화시키고, 육신의 몸을 부귀하게 사유화한다.

어떻게 하면 사망에 이르는 몸을 사망에 이르지 않게 할 수 있을까?

---

5) 저주받고 사망에 이르는 의지와 몸.

6) 복 받고, 번성하는 의지와 몸.

7) 사람의 의지와 몸은 선선후악(先善後惡)의 특징이 있다.

8) 뱀의 거짓된 지혜와 지식을 믿음으로 발생함.

9) 식욕, 명예욕, 색욕, 수면욕, 재물욕.

그 방법은 육신의 몸이 언약으로 세워진 '부활의 제단'[10]의 빛을 보게 하므로, 사망에 이르게 하는 죄의 의지를 제단 숯불에 가두는 것이다. 믿음은 내면의 세계에 예수를 그리스도로서 영접하는 것이다. 예수가 그리스도이신 이유는 그분만이 하나님의 독생자로, 그를 영접한 자들에게 하나님의 양자의 영을 줄 수 있기 때문이다. 또한 그리스도의 의지는 죄 없는 의지로, 이기적 의지가 작용하지 않는 생명의 빛이다. 뿐만 아니라, 하나님의 어린양만이 보혜사 성령을 보내어, 거듭난 속사람으로 살아갈 수 있게 한다.

영이 깨어나야 내면의 세계에 신령한 제단이 세워진다. 영이 깨어나지 않았음에도 내면의 세계에 제단이 세워졌다면, 그것은 거짓된 제단이며, 그곳에서 찾을 수 있는 것은 에고가 만들어 놓은 우상밖에 없다. 예수 그리스도를 영접함으로 내면의 세계는 영이 깨어나고, 비로소 살아있는 언약의 돌인 산돌 위에 신령한 제단이 세워진다. 에고를 비추는 진리의 빛을 보라. 에고는 감격적인 그 빛을 향해, 즉시적이든 점층적이든 돌아설 것이다. 이윽고 육신의 몸을 바라보던 소망이 신령한 제단을 바라보는 산 소망으로 돌아선다. 에고가 산 소망으로 신령한 제단을 향해, 그 마음의 거처를 옮기면, 마음의 세속화(世俗化)는 사라지고, 마음의 영성화(靈性化)가 시작된다. 육의 몸을 자기 자신이라고 믿었던 에고가 마침내 자기 자신이 영의 몸이라는 것을 깨닫는 것이다. 그러나 영성화된 마음은 언제든 에고가 산 소망을 버릴 때, 다시금 세속화될 수 있다.

10) 아브라함이 살아계신 하나님을 믿음으로 이삭을 드린 제단.

say 14

마음의 거처가 변하면 존재가 변한다. 존재가 변해서 거처를 옮기는 것이 아니라, 거처가 옮겨지면 존재는 변한다.

4. 운명을 이길 수 있는 예수 그리스도의 사명

베드로전서 5장 1절
너희 중 장로들에게 권하노니 나는 함께 장로 된 자요 그리스도의
고난의 증인이요 나타날 영광에 참여할 자니라

육의 몸이 사망하는 것에 대하여 의심하는 자들은 없다. 그러나 육의 몸이 사망한 이후에 발생하는 내세적 존재 변화에 대하여, 종교인들조차도 별반 관심이 없다. 종교는 크게 현세적 종교와 내세적 종교로 구분된다. 현세적 종교는 영혼을 죽음 안에 있는 유한한 존재로 정의한다. 그러나 내세적 종교는 영혼을 죽음 이후에 도래(到來)하는 세계를 맞이하는 무한한 존재로 정의한다. 무한한 존재는 영원한 순환과 영원한 갇힘(심판)으로 나눠진다. 영원한 순환은 죄의 인과적 작용에 의해 순환하는 것이고, 영원한 갇힘은 죄의 인과적 작용에 의해 심판받아 갇히는 것이다. 죄로 인해 순환을 하든, 죄로 인해 갇히게 되든, 모두 사망에 거처하는 운명(運命)이다.

만약, 하나님의 심판이 임하지 않는다면, 영혼은 사망에서 벗어날 이유가 없다. 그러나 하나님의 심판은 사망과 음부에 임한다. 그래서 그

속에서 순환하거나, 갇혀 있는 모든 영혼은 심판에서 예외 될 수 없다. 어떻게 하면 사망의 거처가 작용하는 운명에서 벗어날 수 있을까? 우리는 그 답을 하나님의 사명(使命)에서 찾을 수 있다. 사명은 맡겨진 임무라는 뜻을 가지고 있다. 하나님의 사명은 하나님께 임무를 위임받는 것이다. 따라서 하나님의 사명을 받은 자는 하나님이 거처하시는 권세를 대리하는 능력을 가진다. 사명은 사망으로 향하는 운명의 흐름을 정지시켜 죄로부터 떠나고, 영생으로 향하는 하나님의 의를 명령(命令)[11] 한다. 그래서 오직, 사명만이 운명을 이길 수 있다.

예수 그리스도께서 하나님께 받은 사명은 두 가지이다. 첫째는 언약의 제단을 나타내는 '십자가 고난'의 보증이다. 둘째는 영혼의 의탁을 통한 '장차 임할 영광'에 참여하는 것이다. 이 두 가지 사명을 이루므로, 예수 그리스도는 사망의 거처에서 벗어났다. 또한 이 두 가지 사명이 이루어지는 거처에 하나님의 생명이 임재(臨在)한다. 십자가 고난은 세상으로부터 '버림받음'이다. 세상이 예수 그리스도에게 아무것도 기대하지 않을 때, 그의 마음과 몸은 더 이상, 세속적인 것에 사용되지 않는다. 하나님은 세상이 버린 돌을 사용하여, 하나님이 거하실 신령한 언약의 제단을 세우신다.

장차 나타날 영광에 참여는 하나님께 영혼을 의탁(依託)하는 것이다. 영혼의 의탁은 영혼의 거처를 하나님께 옮기는 것이다. 예수 그리스도의 부활은 단순히 죽은 자가 살아나는 것이 아니다. 죽은 자가 살아나는 일은 예수 그리스도에게만 있는 사례가 아니다. 예수 그리스도는

---

11) 이것이 복음이다.

죽은 나사로를 살리셨다. 이를 두고 나사로가 부활했다고 말할 수 없다. 왜냐하면 죽은 나사로가 살아났다고, 그의 영혼이 하나님의 거처인 보좌에 올라갔다고 말할 수 없기 때문이다. 부활은 죽은 자가 사망에서 살아나는 것으로 이루어지는 것이 아니라, 영혼을 하나님께 의탁함으로, 보좌 위에 있는 하나님의 우편으로 거처를 옮기는 것이다. 영혼을 의탁함으로 거처를 옮기는 산 소망은 스데반의 순교를 통해 확인할 수 있다. 스데반은 순교 직전에, 보좌 위에 계신 예수 그리스도를 보았다. 비록 그의 몸은 세상에서 버림당했지만, 그의 영혼은 예수 그리스도의 것이다. 이것은 산 소망을 가진 자들이, 장차 나타날 영광에 참여하는 모습이다.

say 15
보증은 맡긴 것을 지키고, 소상히 알리는 것이다.
십자가 고난의 보증은 예수께서 그리스도의 죄 없음을 지키고,
또한 하나님께 소상히 알린 역사적 사건이다.

5. 보배로운 약속의 작용

베드로후서 1장 1-3절

예수 그리스도의 종이며 사도인 시몬 베드로는 우리 하나님과 구
주 예수 그리스도의 의를 힘입어 동일하게 보배로운 믿음을 우리
와 함께 받은 자들에게 편지하노니 하나님과 우리 주 예수를 앎으
로 은혜와 평강이 너희에게 더욱 많을지어다 그의 신기한 능력으
로 생명과 경건에 속한 모든 것을 우리에게 주셨으니 이는 자기의
영광과 덕으로써 우리를 부르신 이를 앎으로 말미암음이라

모든 세계는 작용하는 힘에 의해 만들어진다. 또한 작용하는 힘과
반대 방향에서 작용하는 저항의 힘도 있다. 우리는 이것을 저항력, 즉
마찰력이라고 한다. 저항의 힘이 작용하는 힘보다 강할 경우, 운동하
는 것들은 멈춘다. 이것이 죽음이다. 부활은 이렇게 한 번 행(行)하다가
멈춘 것을 다시 행하게 하는 것이다. 따라서 부활은 저항의 힘을 이기
거나, 저항의 힘을 없앨 수 있는 힘을 요구한다. 죄 있는 세상에 죄 없는
하나님께서 임재하심은 죄 있는 세상을 이길 수 있는 하나님의 힘을 통
해 이루어진다. 인간의 구성 영역에 작용하는 하나님의 힘을 살펴보자.

먼저, 우리의 영의 몸을 이해하기 위해서는 영의 특징을 이해해야 한다. 영은 한 가지이다. 이 영은 하나님의 영이다. 하나님의 영만이 생명을 창조할 수 있는 참된 영이다. 그래서 영의 첫 번째 특징은 생명(生命)이다. 사탄은 원래 영이 아니다. 그런데 사탄은 하나님의 영을 부인하는 거짓으로 영의 모습을 한다. 그에게는 거짓 이외에는 어떠한 힘도 없다. 두 번째 영의 특징은 공유(共有)이다. 공유는 공동의 소유를 말한다. 우리는 공유를 사유에 대립된 의미로 많이 사용하지만, 공유는 분리의 힘이 작용하지 않는 영역으로, 근원적인 하나 됨을 말한다. 마음이나 육체의 몸은 분리의 힘이 작용되어 사유화가 가능하지만, 영은 개체적 존재로 분리될 수 없기 때문에 사유화될 수 없다. 영의 몸은 아버지의 영과 아들이 영이 함께 할 때 활동한다. 많은 아들들의 영이 아버지의 영과 함께 할 때, 영의 몸은 더욱더 왕성하게 활동한다. 세 번째 영의 특징은 선재(先在)와 예정(豫定)이다. 선재와 예정은 분리된 세계에서 작용하는 시간과 그 시간이 머무는 공간의 여분(餘分)이다. 영은 이기적 의지가 작용하지 않게 의지의 거처를 선재(先在)하게 하고, 역학적 방해 요소[12]를 받지 않게 몸의 쓰임을 예정(豫定)할 수 있다.

마음의 세계는 의지로 만들어진다. 본(本)을 받는 것은 의지를 받는 것이며, 그 의지가 작용하는 마음이 만들어지는 것이다. 하나님의 본을 받은 자는 그리스도의 의지를 받은 자이며, 또한 그리스도의 의지가 작용하는 마음을 가진 자이다. 첫 번째, 그리스도의 의지의 특징은 이기적인 의지가 작용되지 않는 것이다. 이것은 그리스도의 의지에는 죄가

---

12) 아들의 영이 아버지의 영과 함께 하는 것을 막는 창세 이후의 힘(음양오행).

없다는 것이다. 즉 그리스도의 의지에서는 죄의 작용이 일어날 수 없으며, 오히려 오욕칠정의 의지는 그리스도의 의지로 만든 마음을 볼 때 소각된다. 두 번째, 그리스도의 의지의 특징은 창세 이전의 의지이다. 여기서 창세는 하나님의 만든 세상이 아니라, 에고가 만든 인간의 세상을 말한다. 인간이 만들어 낸 그 어떤 의지로 그리스도의 의지를 막을 수 없다. 세 번째, 그리스도의 의지의 특징은 선재적 의지이다. 이 선재적 의지는 하나님이 세상을 만든 창세 이전에 그리스도의 의지가 하나님과 함께 있음을 말한다. 즉 아들의 의지는 아버지의 의지와 같다.

육의 몸은 생각과 행동으로 이루어진다. 육의 몸은 늘 생각하거나 행동하는 것에 사용된다. 생각과 행동은 두 가지 종류가 있다. 하나는 가치중립적(價値中立的)인 생각과 행동이고, 다른 하나는 가치중립적이지 않은 생각과 행동이다. 가치중립적이란 것은 에고가 자기 자신을 위한 이기적 의지로, 몸의 생각과 행동을 사용하지 않는 것을 말한다. 가치중립적인 생각과 행동의 특징은 무엇인가?

첫째, 공동체로서 몸을 사용한다. 이러한 몸의 사용은 작게는 둘 이상의 이타적 의지가 작용하는 모임부터 크게는 민족이나 국가, 그리고 더 나아가 우주적 생명 공동체의 일부로 몸이 사용되는 것이다. 둘째, 가치중립적인 생각과 행동의 특징은 이익과 기호를 몸의 사용에 반영하지 않는다. 따라서 몸이 하는 생각과 행동은 어떠한 가치적 책임을 지지 않고, 평가받지 않는다. 셋째 가치중립적인 생각과 행동의 특징은 이기적 의지에 종속되어 사유화되지 않는다. 따라서 생각과 행동이 신령한 것들을 지각할 수 있으며, 또한 신령한 것들을 위하여 사용될 수 있다.

　예수 그리스도를 영접하면, 그리스도 안에서 작용하는 하나님의 힘이 인간을 구성하는 영과 의지, 그리고 육에 작용한다. 이것이 예수 그리스도의 보배로운 약속(約束)[13]이다. 보배로운 약속의 힘은 첫째, 죄로 인해 한 번 행함을 그치고 잠들었던 우리의 영이 그리스도 안에서 다시 깨어난다. 그리스도 안에서 깨어난 우리의 영은 사망을 이기는 속죄 제단과 보좌에 앉을 화목의 제단으로 하나님을 섬긴다. 보배로운 약속의 힘은 둘째, 에고가 이기적 의지로 만들어 놓은 마음을 안전하게 제거하게 한다. 에고는 그리스도의 본(本)을 알지 못할 때의 두려움에서 벗어나, 하나님의 아들로서의 '참된 나'를 바라보게 된다. 이렇게 에고가 오욕칠정에서 벗어나 그리스도의 십자가 의지와 부활의 의지를 따르는 것이 순종(順從)[14]이다. 보배로운 약속의 힘의 작용은 셋째, 몸의 생각과 행동을 창세 이전의 아버지의 예정을 이루시는 성령이 사용하신다. 예정을 실행하시는 성령의 열매는 어떠한 역학적 방해요소[15]도 막지 못한다.

say 16
예수 그리스도는 그의 몸을 첫째, 가치 중립적으로 사용하셨다.
그의 행동에서 자신을 위한 기호나 이익이 없다.

13) 맺고 묶는 것
14) 복종은 몸이 같은 생각과 행동의 옷을 입는 것이고, 순종은 의지가 같은 마음의 옷을 입는 것이다.
15) 창세 이후, 불의와 불신으로 만들어진 힘.

둘째 명령하는 데 사용하지 않고 순종하는 데 사용하셨다. 그의 모든 행동은 선행이다.

셋째 예정된 행동을 하셨기에 우연적이거나 실수하지 않으셨다.

4장
예수 그리스도의 사랑

의(義)와 죄(罪)는 그 출처가 영이 아니기에, 사람의 마음과 몸에 혼합될 수 있
다. 의의 출처는 선에 있고, 죄의 출처는 악에 있다. 몸과 마음이 의와 죄를
행하는 것이 아니라, 의와 죄가 사람의 마음과 몸을 만들고 작용한다.

1. 사랑은 이기적 의지가 소멸된 마음의 사귐이다

요한일서 1장 3절
우리가 보고 들은 바를 너희에게도 전함은 너희로 우리와 사귐이
있게 하려 함이니 우리의 사귐은 아버지와 그의 아들 예수 그리스
도와 더불어 누림이라

사랑이란 무엇일까? 한자 "愛(사랑)"는 한 사람이 자신의 심장을 손으로 감싸서 조심스럽게 걸어가는 모습을 나타낸다. 마음은 몸의 일부 기관이 아닌, 생명의 의미를 담고 있다. 사랑은 생명이 담긴, 마음을 조심스럽게 다른 존재에게 주는 것이다. 내면의 세계에 위치한 우리의 마음은 두 가지 종류가 있다. 하나는 생명을 상속하는 아버지의 이타적(利他的) 의지로 만들어진 선한 양심과 다른 하나는 생명을 상속하는 아버지의 의지를 떠나, 에고의 의지로 만들어진 이기적(利己的) 마음이다. 그래서 선한 양심은 이타적 덕(德)이 작용하는 깨끗한 마음이지만, 이기적인 마음은 오욕칠정(五慾七情)의 죄가 작용하는 더러운 마음이다. 깨끗한 마음인 선한 양심은 자신을 만든, 아버지의 의지에 순종하기에 영

성화(靈性化)[1]되지만, 더러운 마음은 육체를 사유화(私有化)하여 마음을 세속화(世俗化)[2] 시킨다.

사귐(交)은 의지가 의지를 만남으로 두 개의 의지가 하나의 마음[3]에 거하는 것이다. 그런데 마음은 의지로 만들어지기 때문에, 의지마다 그 의지가 만든 마음이 있다. 만약 두 개의 마음에서 두 개의 의지가 작용한다면, 그것은 사귐이 될 수 없다. 왜냐하면 의지가 자기 마음에 갇혀 있기 때문이다. 이 상태에서 서로의 의지를 만나려면, 어느 한 마음은 상대의 의지에 의해 상처를 받거나, 어느 한 의지는 상대의 마음을 공격해야 한다. 의지가 마음을 공격하거나, 의지에 의해서 마음이 상처받아 발생하는 것이 죄(罪)[4]이다. 또한 여기서 발생한 죄는 공격한 마음이나 상처받은 마음을 스스로 보호하기 위해서 더욱더 견고한 벽을 만드는데, 이것이 마음을 가두는 악(惡)이다.

아담의 불순종은 뱀의 의지에 의해 공격당한 아담의 마음에서 비롯된다. 죄가 담겨진 아담의 마음은 하나님이 부르시는 음성을 듣지 않고 숨는다. 이것이 악이다. 같은 의지로 만들어진 마음은 순종(順從)하여 의(義)를[5] 이루지만, 죄로 인한 다른 의지로 만들어진 마음은 불순종하여 악을 만든다. 순종은 두 개의 의지가 하나의 마음에서 사귀는 것이지만, 불순종은 두 개의 의지가 하나의 마음에 갇혀 악을 만드는 것이

---

1) 영을 바라볼 수 있는 마음.
2) 영을 바라볼 수 없는 마음.
3) 믿음은 내 안에서 두 개의 의지가 하나의 마음에 있는 것이고, 사랑은 타인의 마음 안에서 두 개의 의지가 하나님의 마음에 있는 것이다.
4) 의지의 변질(變質)과 변태(變態).
5) 자기를 희생할 수 있는 이타적 의지

다. 아버지에게 상속된 이타적 덕이 작용하는 선한 양심은, 다른 존재의 마음에서 에고의 이기적 의지를 작용하지 않기 때문에 사귐이 가능하다. 즉 순종은 이기적 의지가 하는 것이 아니라, 이타적 덕이 작용하는 선한 양심으로 할 수 있다.

사랑은 혼자 할 수 없다. 사랑은 두 개의 의지가 하나의 마음 안에 거하여, 그 마음을 영성화(靈性化)[6] 하는 것이다. 따라서 우리는 사랑을 할 때, 우리의 이기적 의지가 작용하는 마음을 사랑하는 자에게 주는 것이 아닌, 아버지로부터 상속받은 공동체의 이타적인 마음[7]을 주어야 한다. "사랑받지 못한 자는 사랑할 수 없다"는 말은 이타적 덕으로 만들어진 공동체의 마음인 선한 양심이 없으면 아무리 사랑하고 싶어도 이기적인 마음으로 할 수밖에 없기에, 결국 사랑하는 사람의 마음을 공격하거나, 사랑하는 사람의 마음에 상처를 주기 때문이다.

또한 사랑은 고백(告白)을 통하여 이루어져야 한다. 고백은 제단에 고하는 말로서, 그 안에 진정(眞情)과 밝음(光)을 담고 있다. 사랑을 주는 자는 사랑을 받는 자에게 자신이 전하는 사랑이 어떠한 진정과 밝음이 있는지 확인시켜야 한다. 왜 우리는 사랑을 고백할 때, 냉정한 의지가 녹고, 거친 의지가 부드러워지는가? 왜 우리는 고백을 들을 때, 따뜻한 온정의 의지가 살아나고, 희망찬 의지가 솟아나는가? 사랑은 제단에서 하나님께 음식을 드리는 것 같은 진정과 밝음의 고백이 있기 때문에, 사랑받는 사람은 고백을 들을 때, 자신에게 어떠한 해로움이나 위험이

---

6) 한 마음 안에서 두 개의 의지가 하나가 되는 것이다.
7) 긍휼과 자비가 작용하는 마음.

없다고 여기게 된다.

그러므로 사랑은 이기적 의지가 소멸된 마음의 사귐이다. 하나님 아버지에게 영혼을 의탁한 예수 그리스도의 고백을 보라. 또한 하나님께서 "이는 내 사랑하는 아들이라"고 예수에게 고백하심을 보라. 참된 사랑을 받으면, 상처와 공격으로부터 병들었던 마음이 치유받게 된다. 죄로 인해 구겨진 마음은 펴지고, 악의 벽에 갇혔던 마음은 풀림을 받는다. 사랑하는 자의 고백으로 사랑받는 자의 마음은 깨끗해지고 따뜻해진다.

say 17

사랑은 사귐이다.

사귐은 아버지께 받은 이타적인 마음이 상대의 내면의 세계에 초대받는 것이다. 그러므로 사랑은 마음은 둘이지만 의지는 하나이다.

2. 예수 그리스도의 사랑의 특징

요한일서 2장 25절
그가 우리에게 약속하신 것은 이것이니 곧 영원한 생명이니라

    사랑은 마음의 사귐이다. 마음의 사귐에는 반드시 두 가지 조건을 갖추어야 한다. 하나는 사랑은 혼자 할 수 없기에, 반드시 사랑받는 대상이 있어야 한다. 다른 하나는 사랑은 사랑받는 대상의 승인이 요구된다. 사랑받는 대상의 승인 없이 행해지는 사랑은 잔혹한 침략이다. 따라서 이기적 의지로 만들어진 마음은 절대 사랑할 수 없다. 예수 그리스도는 우리에게 창세 이전부터, 하나님 아버지에게 받은 이타적 의지로 만든 사랑에 대하여 증언하셨다. 예수 그리스도의 사랑은 그 자신을 위한 이기적 사랑이 아니다. 그는 그가 알고 있는 아버지의 사랑을 가르쳐주었고, 또한 그가 받은 아버지의 사랑을 우리에게 전해주셨다. 그러므로 예수 그리스도에게 사랑받은 우리는, 그에게 받은 하나님 아버지의 사랑이 무엇인지 가르치고, 또한 형제들에게 하나님 아버지의 사랑을 전해야 한다.

예수 그리스도의 사랑의 특징에는 세 가지가 있다. 첫째, 예수 그리스도의 사랑에는 영의 거룩함이 있다. 영은 참된 영인 하나님의 영과 거짓된 영인 마귀의 영이 있다. 참된 영은 생명이며, 영은 마음과 육체를 만들 수 있다. 그러나 거짓된 영은 마음과 육체를 만들 수 없기 때문에, 만들어진 마음을 분리하여 사망에 속한 몸으로 사용한다. 하나님의 영은 유산(遺産)과 유업(遺業)의 제단에서 그의 영을 받는 자녀들과 함께 한다.

따라서 하나님의 영을 받은 자는 하나님의 제단이 있기에 생명이 있고, 하나님의 영을 받지 못한 자는 하나님의 제단이 없기에 생명이 없다. 예수 그리스도의 사랑이 거룩한 이유는 그를 믿는 형제들에게 생명의 영을 나눌 수 있는 하나님의 제단을 회복하셨기 때문이다. 그래서 예수 그리스도의 형제는 예수처럼 하나님께 드릴 수 있는 새로운 몸과 마음으로 거듭난다. 그러므로 영의 거룩함은 마음이 어떠한 의지를 작용하거나, 혹은 육체가 어떠한 율법을 실천함으로 이루어지는 것이 아니다. 오직 참된 영인 하나님의 영을 상속받음으로 이루어진다.

둘째, 예수 그리스도의 사랑의 특징은 마음의 영성화이다. 마음은 의지가 만든 세계이며, 의지가 거처하는 집이다. 예수 그리스도의 의지는 창세 이전부터, 아버지의 의지와 함께 선재하였기 때문에, 그의 의지에는 이기적(利己的) 의지가 작용하지 않는다. 예수 그리스도의 의지는 아버지 하나님의 의지와 같다. 그래서 예수 그리스도의 사랑은 항상 마음을 영의 제단을 향해 서 있게 한다. 예수 그리스도의 사랑을 받은 자는 늘 하나님의 제단을 향한다. 이것이 마음의 영성화이다. 예수 그리스도의 사랑은 아버지께 받은 이타적인 마음이기에, 예수 그리스도의 사랑을 받은 자는 그의 내면의 세계에 하나님이 만든 이타적인 마음이 살아난다. 이와 반대로 마음에 이기적 의지가 작용하면, 마음이 영의 제단을 향하지 않고 그 방향을 돌려 육체를 향하게 된다. 육체의 경험을 즐거워하고, 육체의 유익함을 위하여 의지를 작용한다. 이것이 세속화이다.

셋째, 예수 그리스도의 사랑의 특징은 몸을 아버지의 예정된 쓰임으로 사용한다. 깨끗한 마음과 성실한 몸에는 참된 영이 작용할 수 있다. 예수 그리스도의 사랑은 사랑받은 자의 마음을 깨끗하게 만들 뿐만 아니라, 사랑받는 자의 생각과 행동이 하나님의 말씀을 지각(知覺)할 수 있어, 성령의 음성을 따를 수 있게 한다. 성령은 예수 그리스도의 사랑이 있는 자들에게 은사와 직분, 그리고 사역을 주신다. 예수 그리스도의 사랑 안에 있는 자들은 그들의 생각과 행동을 사용하여 신령한 성품에 참여한다.

그러므로 예수 그리스도의 사랑은 영을 거룩하게 하고, 마음을 영성화시키고, 몸의 생각과 행동을 성령 안에 살게 한다. 이 사랑은 예수 그리스도가 스스로 만든 사랑이 아니다. 이 사랑은 창세 이전부터 하나님 아버지가 베푼 사랑이며, 이 사랑은 어느 누구도 빼앗아 갈 수 없는, 사망을 이긴 사랑이다. 또한 이 사랑은 유산(遺産)과 유업(遺業)의 상속을 통하여 이루어지는 영원한 사귐이며, 영원한 생명이다.

say 18
사랑은 다른 이의 마음에 내 의지가 공격과 상처를 주지 않고 함께 사는 것이다.

3. 예수 그리스도의 사랑의 방법

요한일서 3장 11절
우리는 서로 사랑할지니 이는 너희가 처음부터 들은 소식이라

    믿음은 내면의 세계에 어떤 존재의 의지를 초대하는 것이다. 의지가 어떤 이에게 마음을 주거나 받을 때, 혹은 육체가 생각이나 행동을 통해 다른 이의 의지에 동의할 때는, 반드시 유익(有益)과 안전(安全)이 전제된다. 왜냐하면 내면의 세계를 노출하는 것은 돌이킬 수 없는 위험이 뒤따르기 때문이다. 그래서 거짓된 믿음은 유익과 안전으로 위장하여 항상 접근한다. 자녀의 삶을 파괴하는 부모의 잘못된 믿음에는 위장된 안전이 숨겨져 있고, 부모의 삶을 쇠퇴시키는 자녀의 잘못된 믿음에는 위장된 유익이 숨겨져 있다.

    소망은 참된 믿음이든 잘못된 믿음이든 일단, 믿음을 통하여 내면의 세계에 다른 존재가 들어오면, 그 존재에 대한 에고의 기대를 발생한다. 참된 믿음은 에고로 하여금 영원한 삶에 대한 산 소망을 갖게 하지만, 잘못된 믿음은 에고로 하여금 사망의 굴레에서 벗어날 수 없는 죽은 소망을 갖게 한다. 믿음과 소망은 마음이 거처하는 자신의 내면

의 세계에서 작용하지만, 사랑은 그렇지 않다. 사랑은 다른 이의 내면의 세계에서 작용하기에, 사랑하기 위해서는 다른 이에게 줄 수 있는 믿음과 소망이 있어야 한다. 믿음과 소망이 없는 의지에게 어떻게 자신의 마음을 내어주어, 그 의지와 더불어 살 수 있겠는가? 이것은 사랑하는 자가 실제적으로 믿음과 소망을 줄 수 없어도, 사랑받는 자는 믿음과 소망같이 보이는 어떠한 것에 의해, 그를 자신의 마음에 초대하는 것이다. 그래서 참된 사랑은 무척 어렵지만, 거짓된 사랑은 너무도 쉽게 할 수 있다.

예수 그리스도의 사랑의 방법은 믿음과 소망으로 이루어진다. 이것은 예수 그리스도의 것은 아니지만, 예수 그리스도만 가지고 있는 하나님께 받는 것이다. 어떤 이는 돈으로 사랑하고, 어떤 이는 힘으로, 어떤 이는 지식으로 사랑한다. 이들의 사랑은 돈과 힘, 그리고 지식이 있기에 가능하다. 그러나 예수 그리스도의 믿음은 창세 이전부터 존재한 하나님 아버지에 대한 선재(先在)[8]이며, 예수 그리스도의 소망은 말세 이후에 존재하는 하나님 아버지에 대한 예정(豫定)[9]이다. 그가 가진 하나님 아버지에 대한 믿음과 소망은 그의 소유(所有)가 아니기 때문에, 그가 사랑하는 모든 자들에게 대여할 수 있다. 그러므로 예수 그리스도에게 사랑받는 자들은 예수 그리스도의 선재와 예정 속에서, 하나님 아버지를 아는 진리(眞理)와 참된 자신을 아는 진정(眞情), 그리고 죄 없는 형제를 볼 수 있는 진실(眞實)을 대여받는다.

---

8) 아버지를 사랑하는 아들의 의지.
9) 아들을 사랑하는 아버지의 의지.

예수 그리스도의 사랑의 방법은 인간을 구성하는 세 가지 영역에서 확인할 수 있다. 첫째는 영의 영역이다. 우리는 죄로 인하여 가려진 하나님의 진리를 예수 그리스도의 사랑 안에서 찾을 수 있다. 진리(眞理)는 하나님을 아는 앎이다. 진리는 '이것이라 저것이라' 말할 수 없다. 진리는 하나님이 좋아하는 것과 하나님이 싫어하시는 것을 아는 선과 악에 대한 앎이다. 그래서 지혜(智慧)와 총명(聰明)은 하나님을 사랑하는 영의 활동이다. 예수 그리스도는 영의 활동을 통하여, 하나님을 사랑한다.

영의 사랑은 영의 상속이다. 하나님의 영은 제단을 통하여, 하나님의 아들에게 상속된다. 영의 상속으로 하나님의 영이 사라지거나 죽는 것이 아니다. 영의 상속을 통하여, 하나님은 자신이 가진 모든 것들을 아들 안에 살게 한다. 하나님의 영이 거룩하기에, 하나님의 영을 상속받은 예수 그리스도의 영은 거룩하다. 또한 예수 그리스도에게 양자의 영을 상속받은 우리의 영도 거룩하다. 아브라함과 이삭, 그리고 야곱에서 예수 그리스도에 이르기까지 살아계신[10] 거룩한 하나님의 영은 언약의 상속으로 이어졌다.

하나님의 영을 상속받은 그의 자녀들의 영은 두 가지를 행할 수 있다. 하나는 속죄 제단에서 제물을 드림으로, 아버지 하나님을 사랑할 수 있다. 다른 하나는 영광의 보좌에서 예물을 드림으로, 아버지 하나님을 사랑할 수 있다. 다시 말해, 아들의 영은 제단에서 제물(祭物)과 예물(禮物)을 드림으로, 아버지의 영을 사랑한다. 아브라함과 이삭, 그리

---

10) 하나님이 살아계심은 아브라함이 살고, 이삭이 살고, 야곱이 살았다는 것이 아니라, 이들 안에서 변함없이 동일하게 함께 하시는 하나님을 볼 수 있기 때문이다. 그 하나님이 오늘날 우리와 함께 하신다.

고 야곱과 그의 아들들, 그의 아들의 지파들 가운데 속한 예수 그리스도는 제물과 예물을 드림으로, 영으로 하나님 아버지를 사랑했다. 그러므로 영으로 하나님을 사랑하는 것은 하나님의 제단에 하나님이 받으시는 제물과 예물을 드리는 것이다.

둘째는 마음의 영역이다. 우리는 죄로 인하여 더럽혀진 마음을 예수 그리스도의 사랑 안에서 깨끗이 할 수 있다. 진정(眞情)은 순수하다는 것이다. 순수하다는 것은 아무것도, 다른 것이 섞이지 않는 원래의 상태를 말한다. 예수 그리스도의 사랑은 이기적 의지가 작용하지 않는, 긍휼의 마음과 채무적 조건이 작용하지 않는 자비의 마음이다. 마음이 형제의 내면의 세계에서 긍휼의 마음으로 작용할 때, 창세 이전에 아버지로부터 상속받은 이타적 의지가 작용하는 참된 자신을 알 수 있다. 따라서 진정은 형제 안에 있는 아버지의 마음을 보는 것이다. 예수 그리스도에게 사랑받지 못했을 때, 우리는 들보가 가득 찬 눈을 통해, 형제의 티를 보았다. 그러나 예수 그리스도의 사랑이 내 눈에 있는 들보를 빼어주셨기에, 더 이상 형제의 눈에 티가 보이지 않는다. 오히려 형제의 마음에 비친 아버지의 마음을 발견할 수 있다.

셋째는 몸의 영역이다. 우리는 몸을 예수 그리스도의 사랑 안에서 새롭게 사용할 수 있다. 진실(眞實)은 거짓의 반대가 아니다. 진실을 찾기 위해, 거짓이 아님을 수천 번 밝혀도, 그곳에서 진리와 진정을 찾을 수 없다. 왜냐하면 진실은 진리와 진정의 열매이기 때문이다. 예수 그리스도의 몸이 우리를 사랑한 방법은 구제(救濟)와 복음(福音)이다. 예수 그리스도의 사랑을 받은 자들은 사망의 늪에 빠진, 생명의 도움에서 버려진 자들이었다. 예수 그리스도는 그들에게 어떠한 이유도 묻지 않고, 지체 없이 그들을 위하여 그의 몸을 사용하였다. 또한 예수 그리스도는 복음을 전함에 있어서, 의인을 찾지 않고, 죄인을 찾았다. 복음은 따져보고, 파악하고, 이해하는 자에게 전하는 소식이 아니다. 복음은 죄의 기둥에 묶인 형제의 몸을 즉시 풀어주는 구원의 전령(傳令)이다.

say 19

예수 그리스도에게 사랑을 받은 자들은 선재와 예정 속에서,

영이 제물과 예물을 아버지께 드림으로 아버지를 진리와 진정, 그리고

진실로써 사랑한다.

4. 예수 그리스도의 사랑의 효과

요한일서 4장 2절
이로써 너희가 하나님의 영을 알지니 곧 예수 그리스도께서 육체
로 오신 것을 시인하는 영마다 하나님께 속한 것이요

모든 사람은 죽는다. 죽음은 이기적인 의지와의 결별이며, 인연의 인과에서 끊김이다. 그래서 죽음의 접시에서는 선과 악이 증명될 수 없다.[11] 그렇다면 우리는 어떻게 선과 악을 구별할 수 있을까? 사망과 지옥이 숨겨진 죽음의 접시 위에서는 선과 악을 구별할 수 없지만, 예수 그리스도의 사랑을 통한 하나님 아버지와 참된 나, 그리고 죄 없는 형제를 알게 되면, 우리는 부활과 보좌란 생명의 접시에서 우리에게 속한 선과 악을 구별할 수 있다.

우리는 흔히 선과 악의 관계를 대립관계(對立關係)로 이해하는데, 그렇지 않다. 대립관계에서는 승자와 패자가 나누어질 뿐, 패자가 사라지지 않는다. 대립구조에서는 선이 악을 소멸시키고, 악이 선에 의해 사라지는 본질을 증명할 수 없다. 따라서 선과 악의 관계는 대립관계가

---
11) 두 번째 사망이 있는 이유.

아닌, 부재적(不在的) 관계이다. 선의 존재는 악의 부재를 증명하고, 악의 존재는 선의 부재를 증명한다. 그러므로 선의 승리는 악이 없는 곳에서 이루어지고, 악은 선이 없는 곳에서 나타난다.

예수 그리스도의 사랑의 효과는 첫째, 선과 악을 구별한다. 사망과 지옥이라는 접시에서는 모두가 죽기 때문에 선과 악을 구별할 수 없다. 그러나 부활과 보좌의 접시에서는 사망을 이긴 자와 보좌에 앉은 자가 발생하기 때문에, 사망에 속한 자와 보좌에 앉지 못한 자가 구별된다. 이것은 사망을 이긴 자와 사망에 속한 자가 대립하여 발생한 결과가 아니라, 부활의 존재(存在) 안에 있는 자와 부활의 부재(不在) 안에 있는 자에게 발생한 결과이다. 또한 보좌에 앉은 자는 보좌를 빼앗긴 자와 대립하여 발생한 결과가 아니라, 영생의 존재 안에 있는 자와 영생의 부재 안에 있는 자에게 발생한 결과이다. 그러므로 예수 그리스도의 사랑은 선과 악을 구별하는 효과를 나타낸다.

예수 그리스도의 사랑의 효과는 둘째, 악을 소멸(消滅)한다. 소멸은 사라져서 없어지는 것을 의미한다. 우리는 죽으면 존재가 사라진다고 생각하지만, 전혀 그렇지 않다. 오히려 죽음으로 존재가 드러난다. 어떻게 하면 존재는 소멸될까? 이 답을 찾기 위해서는 존재를 드러내는 원인을 찾아야 한다. 모든 존재는 다름에서 발생한다. 존재는 형식이 아닌, 의미이다. 같은 형식이라도 의미가 다르면, 다른 존재가 된다. 그러나 다른 형식이라도 의미가 같으면 같은 존재가 된다. 존재는 다름에서 발생하고, 존재는 같음에서 사라진다.

악이 소멸되기 위해서는 악은 악으로 작용해야 한다. 예수 그리스도의 사랑은 사망의 부활을 통해, 사망에 속한 모든 것들을 모이게 한다. 또한 생명을 통해, 생명에 속한 모든 것들을 모이게 한다. 악은 더 이상 위선(僞善)으로 사망에 숨을 수 없다. 심판은 전적으로 순수한 악이 드러나는 시간이다. 불못에 던져진 악은 악의 본성으로 악을 마주한다. 불못은 악이 흘리는 죄의 기름으로 타는 용광로이다. 이 용광로는 악으로 만들어졌기에 악이 담기면 담길수록 더욱 맹렬하다. 사망과 사망의 몸으로 부활한 자들은 불못에서 서로의 같음으로 서로를 탐하고, 태우고, 죽이기를 영원히 지속할 것이다.

say 20

마음과 몸이 죽은 후 남겨진 발자국을 찾아 칼로 소의 머리를 쪼개듯, 그 정체를 밝히는 것이 심판이다.

5. 사랑의 완성은 같음과 창조이다.

요한일서 5장 6-8절

이는 물과 피로 임하신 이시니 곧 예수 그리스도시라 물로만 아니
요 물과 피로 임하셨고 증언하는 이는 성령이시니 성령은 진리니
라, 증언하는 이가 셋이니, 성령과 물과 피라 또한 이 셋은 합하여
하나이니라

사람이 죽는다는 것은 마음과 몸이 죽는 것이다. 마음이 죽음으로
그 마음을 만든 이기적 의지는 마침내 사라진다. 그리고 몸이 죽음으
로 몸이 만들었던 생각과 행동은 세상에서 더 이상 어떠한 영향을 행하
지 못한다. 그러나 사람은 다시 살아난다. 사람이 다시 살아나 심판
을 받는 것이 부활(復活)이다. 부활은 세 가지 요건이 있다. 첫째는 몸과
마음이 죽으면 끝이 아닌, 몸과 마음이 죽은 이후에 남는 존재가 있다
는 것이다. 둘째는 사망에 속한 존재는 사망의 몸으로 부활하고, 생명
에 속한 존재는 생명의 몸으로 부활하는 것이다. 셋째는 사망의 몸은
심판을 받고, 생명의 몸은 구원을 받는 것이다. 따라서 부활은 예수를
그리스도로 믿는 사람에게만 적용되는 것이 아니다.

마음과 몸이 죽었는데, 도대체 남는 존재는 무엇인가? 우리는 그것을 흔히 영혼이라고 알고 있지만, 영의 속성은 마음과 몸의 속성과 다르기 때문에, 영은 이기적 의지가 만든 마음이나, 몸이 만든 생각과 행동에 혼합될 수 없다. 그러나 의(義)와 죄(罪)는 그 출처가 영이 아니기에, 사람의 마음과 몸에 혼합될 수 있다. 의의 출처는 선에 있고, 죄의 출처는 악에 있다. 몸과 마음이 의와 죄를 행하는 것이 아니라, 의와 죄가 사람의 마음과 몸을 만들고 사용한다.

그래서 사람의 마음과 몸이 죽으면, 그 죽음 이후에, 그것들을 만들고 사용한 의와 죄가 드러난다. 용서받을 죄와 용서받지 못할 죄의 구분은 여기에 있다. 용서받을 죄는 사람의 죽음과 함께 사라지는 것들이지만, 용서받지 못할 죄는 사람이 죽은 이후에 드러나는 것들이다. 또한 상급 받을 의와 상급 받지 못하는 의도 여기에 있다. 사람이 죽은 후에 사라지는 의는 하나님 나라에서 상급을 받지 못하지만, 사람이 죽은 이후에 드러나는 의는 하나님 나라에서 상급을 받는다.

그러므로 심판(審判)은 두 가지 작용을 한다. 하나는, 집안에 남은 발자국을 살피어 그곳에 살았던 것들의 정체를 밝히는 것이고, 다른 하나는, 반으로 쪼개어 그 속에 숨어있는 것들을 드러내는 것이다. 마지막 날에 예정된 심판은 이미 드러난 마음과 몸의 생각과 행동을 심판하는 것이 아니다. 왜냐하면 그것들은 심판하지 않아도, 첫 번째 죽음으로 종말을 맞이하기 때문이다. 그러나 사망에 숨겨져 있는 사탄의 아들들과 그들이 만들어 놓은 악은 마지막 날의 심판이 없다면, 영원히 드러나지 않을 것이다. 더욱이 그것들을 없앨 방법도 없다. 심판을 통하여, 예수 그리스도의 의(義)의 발자국이 남겨진 자는 그 의로 인하여 상급을 받을 뿐만 아니라, 생명의 몸으로 부활하고, 예수 그리스도를 부인한 죄(罪)의 발자국이 남겨진 자는 그 죄로 인하여, 심판의 벌을 받을 뿐만 아니라 사망의 몸으로 부활한다.

사랑의 완성(完成)은 여기에 있다. 마음과 몸에 의해 숨겨지고 가려졌던 의와 죄가 밝혀짐으로, 비로소 하나님의 아들은 하나님 아버지와 만나고, 사탄의 아들은 그의 아버지인 사탄과 만난다. 사랑은 같은 형태끼리 모이고, 같은 속성으로 작용한다. 심판을 통하여, 생명의 부활을 한 존재들은 생명으로 모이고, 생명의 속성으로 작용한다. 또한 심판을 통하여, 사망의 부활을 한 존재들은 사망으로 모이고, 사망의 속성으로 작용한다. 하나님의 생명으로 모인 존재들은 영원히, 하나의 영과 하나의 의지와 하나의 몸으로 산다. 그러나 사탄의 사망으로 모인 존재들은 사망을 태우는 불못에 던져져, 끊임없이 서로를 태우며, 영원한 소멸에 이른다.

say 21
놀라지 말라!
하나님과 같아짐이 예수 안에 있는 '참된 나'에게서 일어난다.

5장
예수가 보인 표적과 그 특징

하나님이 지으신 모든 만물은 그들의 생명 된, 하나님의 의지인 그리스도 안
에 있을 때 안식할 수 있다. 예수가 안식일의 주인 된 것은 예수가 그리스도
이기 때문이다.

계시와 표적

히브리서 1장 2-3절
이 모든 날 마지막에는 아들을 통하여 우리에게 말씀하셨으니 이 아들을 만유의 상속자로 세우시고 또 그로 말미암아 모든 세계를 지으셨느니라, 이는 하나님의 영광의 광채시요 그 본체의 형상이시라 그의 능력의 말씀으로 만물을 붙드시며 죄를 정결하게 하는 일을 하시고 높은 곳에 계신 지극히 크신 이의 우편에 앉으셨느니라

　같은 속성을 지닌 존재라도 죄(罪)가 가해지면, 몸과 마음의 상태가 달라져 다른 존재가 된다. 그러나 다른 속성을 지닌 존재지만, 의(義)가 공유되면, 몸과 마음의 상태가 같아져 같은 존재가 된다. 하나님의 의는 상속(相續)을 통하여 공유된다. 상속은 서로에 대한 관찰과 주고받는 지속적인 행위를 말한다. 하나님의 의가 공유되는 상속에서, 서로에 대한 관찰은 긍휼을 통해 이루어진다. 하나님은 자녀들을 긍휼(矜恤)[1]로 관찰하신다. 그분의 눈길은 자녀들이 응하지 않는다고 시선을 다른 곳으로 돌리지 않으신다. 또한, 하나님의 의가 공유되는 상속에서,

_____
1) 자랑함과 불쌍함.

주고받는 지속적인 행위는 자비(慈悲)[2]를 통해 이루어진다. 하나님의 행위에는 채무가 없기 때문에 설령 자녀들이 과실(過失)을 범했어도 그분의 행위에 영향을 미치지 못한다. 하나님은 상속을 통하여, 그의 긍휼과 자비를 나타내심으로 자신을 계시(啓示)하신다.

하나님의 계시는 일반계시[3]와 특별계시가 있다. 일반계시는 하나님께서 자연이나 역사, 섭리, 인간과 관련된 여러 가지 일반적인 현상으로 나타나는 계시를 말한다. 하나님은 자신을 섬기는 공동체의 선한 양심이 있는 곳에 유산(遺産)과 유업(遺業)을 상속하신다. 아브라함에게 계시한 가난한 땅[4]은 아브라함 개인에게 준 유산이 아니다. 아브라함이 선한 양심을 통해, 가나안 땅을 공동체의 유산으로 볼 때, 하나님은 그에게 상속을 실행하셨다.

이 상속은 공동체의 선한 양심을 가진, 믿음의 장자들을 통해 계승된다. 그래서 하나님이 보이시는 계시들은 공동체의 선한 양심이 살아있는 자들에게만 유효하다. 애굽의 바로 왕은 하나님을 섬기는 공동체의 선한 양심이 없기에, 눈앞에서 펼쳐진 생생한 하나님의 계시들을 번번이 무시(無視)했고, 광야 40년 동안 모세를 비방한 자들이나 가나안 이후, 이스라엘 왕조 시대, 그리고 예수의 초림(初臨)이나 오늘날까지도 공동체의 선한 양심이 없는 자들[5]에게는 하나님의 일반계시는 무효하다.

특별계시는 예수를 통해 나타나는 하나님의 계시이다. 예수를 통한,

---

2) 사랑함과 안쓰러움.
3) 일반적인 현상으로 나타나지만, 공동체의 양심이 없는 자는 볼 수 없다.
4) 가나안 땅은 하나님이 아브라함의 족속에게 계시로 보이신 언약의 땅이다.
5) 로마서에서는 이들을 불의(不義)한 자로 묘사한다.

하나님의 특별하신 계시는 예수 안에 계신 그리스도와 성령을 통하여, 예수의 사역(使役)으로 드러난다. 이 계시는 그리스도의 선재로부터 시작하여, 성령으로 거듭난 자들의 산 소망이 성취되는, 새 하늘과 새 땅에 이르기까지 지속된다. 또한 이 계시는 하나님이 보내신 예수에 대한 표적이 된다. 예수 안에 있는 자들은 특별계시를 통하여, 하나님이 보내신 특별한 예수를 만날 수 있다. 예수의 특별한 표적을 본 자들에게는 동일하게 예수의 특별한 표적이 나타난다. 하나님은 자신이 계시한 그리스도와 성령의 표적을 보고 예수를 찾았듯이, 하나님은 예수 안에 있는 자들이 보이는 그리스도와 성령의 특별한 표적을 보고 그들을 찾으신다. 일반계시는 '공동체의 선한 양심'을 통해 하나님을 알 수 있다면, 특별계시는 '예수의 표적'을 통해 하나님을 알 수 있다.

say 22
죄로 만들어진 분리의 세계에서
하나님은 예수의 표적을 보고, 그의 아들들을 찾으신다.

1. 예수가 하나님의 아들임을 나타내는 표적의 두 가지 특징

히브리서 2장 11-12절
거룩하게 하시는 이와 거룩하게 함을 입은 자들이 다 한 근원에서 난지라 그러므로 형제라 부르시기를 부끄러워하지 아니하시고, 이르시되 내가 주의 이름을 내 형제들에게 선포하고 내가 주를 교회 중에서 찬송하리라 하셨으며

유대인들이 예수에게 적개심을 갖게 된 이유는 그의 언사(言辭)를 두고, 하나님의 아들이란 소문이 퍼져나갔기 때문이다. 하나님의 아들은 단순히 하나님께서 예수에게 '아들의 권한'을 주셨거나, 혹은 특별한 의식에 통해서 '아들의 자리'에 세웠다는 것을 의미하지 않는다. 예수의 언사에 나타나는 하나님의 아들은 아버지의 모든 것을 가진 아들 그 자체이다. 예수는 사람들에게 자기 자신을 전하지 않았다. 예수는 사람들에게 오직 하나님 아버지만 전했다. 그가 보인 모든 언사와 행동은 자기 자신의 뜻이 아닌, 아버지의 뜻이었다. 예수가 보인 첫 번째 표

적은 하나님의 아들[6]이다.

하나님의 아들임을 나타내는 표적은 두 가지 특징이 있다. 하나는 응보(應報)가 없는 언사이다. 응보는 응하고 갚는 것을 말한다. 사냥을 하는 매는 목표물을 사냥한 뒤, 그 고기를 자신이 먹지 않고 주인에게 가져간다. 응하는 것은 주인의 명령에 따르는 것이다. 또한 갚는다는 것은 죄를 지은 자가 죄의 대가를 치르기 위해 벌을 받는 것이다. 따라서 응보는 명령에 대한 수행과 죄를 지은 자들을 처벌하는 것이다. 그런데 이러한 응보는 하나님의 아들을 나타내는 표적의 특징이 아니다. 오히려 하나님이 부리시는 사역자들, 특히 천사들에게서 나타나는 특징이다. 예수는 가난한 자들, 병든 자들, 핍박을 당하고, 무지에 종살이하는 자들을 대할 때, 그들에게 명령하거나, 그들이 그의 답에 응하도록 요구하시지 않았다. 또한 죄인들의 죄를 사해주시면서 어떠한 대가도 받지 않았다.

다른 하나는 형제애(兄弟愛)이다. 형제애는 상호 간의 애착을 말한다. 애착(愛着)은 분리된 취향과 힘이 작용하는 경우에는 부정적이지만, 공동체에서 작용하는 애착은 본래부터 하나임을 증명하는 긍정적인 힘이다. 오른손과 왼손은 한 몸에 붙어, 같은 의지와 같은 생각과 행동을 수행한다. 오른손이 왼손보다 힘이 세다 해도, 오른손은 왼손을 묶어놓을 수 없다. 또한 어떠한 시급한 문제나 중요한 일이 있다 할지라도, 오른손에 상처가 나면, 왼손은 오른손을 치료할 뿐만 아니라, 대가를 바라지 않고, 오른손이 하는 일을 대신한다. 이것이 상호 간의 애

---

6) 사람의 아들에게서는 볼 수 없는 하나님의 아들만의 표적.

착인 형제애이다. 예수께서 제자들에게 보이신 형제애는 그의 제자들을 통해, 그들의 제자들에게 보이신다. 그리고 그 형제애는 오늘날 예수를 '하나님의 아들'이라고 믿는 우리에게 보이신다.

예수가 하나님의 아들임을 나타내는 표적을 통해, 우리는 아들을 찾으시는 아버지 하나님을 만날 수 있다. 예수가 보인 응보가 없는, 상호 애착의 형제애가 있는 곳에 하나님께서는 아버지 되심으로 나타나신다. 즉 '하나님의 아들'로서 예수의 표적을 가진 자들에게 하나님께서는 아버지로서 예수에게 계시한 모든 것을 동일하게 나타내신다. 그러므로 우리는 '하나님의 아들'이란 표적이 나타나는 '응보가 없는 언사'와 상호 간의 애착인 '형제애'를 통해, 하나님을 아바 아버지로 섬겨야 한다.

say 23
예수가 하나님의 아들 된 표적으로 그에게는 천사들의 특징인 응보가 없다. 하나님의 아들은 응하고 갚아야 하는 대가적 구원을 행하지 않는다.

2. 예수가 그리스도임을 나타내는 표적의 두 가지 특징

히브리서 3장 11절
내가 노하여 맹세한 바와 같이 그들은 내 안식에 들어오지 못하리라 하였다 하였느니라

전깃줄을 타고 지나가는 개미들의 세계와 전깃줄을 통신 수단으로 사용하는 세계는 같은 시간과 공간 속에 놓여 있지만, 서로 다른 차원의 세계이다. 평행하는 두 철로 위로 달리는 기차의 바퀴는 용도의 쓰임이 같은 선로 위를 달리지만, 기차의 오른편 바퀴는 기차의 왼편 바퀴와 만날 수 없는, 전혀 다른 차원에 있다. 어떤 사물을 바라보거나, 생각하는 정도의 차이를 입장(立場)이라 한다. 입장의 차이는 차원의 차이와 같다. 서로 다른 입장은 서로 다른 차원이기에 만날 수 없다. 그러나 서로 다른 입장이 서로 다른 시간이나 공간을 의미하는 것은 아니다. 같은 시간과 같은 공간에서 살아가도 입장이 다르면, 서로 다른 차원에서 존재한다.

예수는 네 가지 차원(입장)에서 하나님의 경륜을 실행한다. 첫째는 하

나님의 아들의 차원에서, 둘째는 그리스도의 차원에서, 셋째는 인자의 차원에서, 넷째는 만왕의 왕의 차원에서다. 따라서 하나님의 아들의 차원에서 그리스도를 만날 수 없고, 그리스도의 차원에서 인자를 만날 수 없다. 또한 만왕의 왕의 차원에서 하나님의 아들을 만날 수 없다.

예수가 '그리스도'임을 나타내는 표적의 특징에는 두 가지가 있다. 하나는 안식(安息)이고, 다른 하나는 하나님의 음성(音聲)이다. 먼저 안식에 대하여 살펴보면, 안식은 문자적으로 '평안하게 숨을 쉬는 것'을 의미한다. 안식은 창조에서 발생한다. 하나님의 창조 활동에서 말씀은 태초부터 함께 하셨고, 창조물에 있어서 이 말씀은 하나님이시다. 다시 말해, 하나님의 모든 창조물은 하나님의 의지인 말씀으로 만들어진다. 이 말씀이 곧 그리스도이다. 그러므로 그리스도는 하나님의 모든 만물을 창조하신다. 그리스도의 창조물 안에 하나님께서 계신 것이 안식이다.

따라서 안식은 첫째, 하나님이 지으신 모든 만물이 그들의 생명 된, 하나님의 의지인 그리스도 안에 있을 때 나타난다. 예수가 안식일의 주인 된 것은 예수가 그리스도이기 때문이다. 둘째, 이러한 그리스도 안에 있는 창조물들은 그리스도의 의지로 숨을 쉰다. 이것은 창조주 하나님께서 불어넣은 생령의 숨이다. 안식은 그리스도 안에 있는 모든 만물이 하나님의 생령으로 숨 쉬는 시간[7]이다. 예수가 안식일에 병을 고치신 것은 예수의 의지가 아닌, 창조주 하나님의 생명을 나타내는 그리스도의 의지 때문이다.

또한 안식에는 하나님의 음성이 들린다. 성경에서 우리는 하나님의

7) 영적 예배는 창조주의 생령으로 숨을 쉬는 특별한 시간이다.

음성과 성령의 음성을 구분해야 한다. 물론 하나님의 음성과 성령의 음성은 같다. 그러나 입장이 다르듯, 그 음성의 차원은 다르다. 하나님의 음성은 창조주의 음성이다. 이것은 북극성을 보고 항해하는 것처럼, 우리를 창세 이전의 본향으로 인도하는 음성이다. 성령의 음성이 하나님의 구체적인 의도를 전달하기 위한 음성이라면, 창조주의 음성은 어둠 속에서 들리는 빛의 음성이며, 무지 속에서 들리는 진리의 음성이다. 또한 모든 거짓된 환상 속에서 깨어나, 본향으로 돌아가게 하는 깨달음의 음성이다.

이 음성은 천둥이 치는 가운데 들리는 부드러운 음성이며, 꽃잎이 열리는 가운데 들리는 차가운 음성이다. 이 음성에 눈이 멀지 않으려면, 엎드려 머리를 바닥에 숙여야 한다. 창조주의 음성은 모든 이기적 의지와 인위적 행위를 정화하는 힘이 있다. 그러나 그리스도 안에 있는 자들은 이 음성을 두려워할 필요가 없다. 그리스도께서 목자가 되어 하나님의 음성을 받기에, 양들에게는 그저 한없이 부드러운 그리스도의 음성만 들린다.

say 24

예수가 그리스도된 표적으로 그에게는 안식과 하나님의 음성이 있다.

안식은 모든 이기적 의지와 인위적 행위를 정화한다.

3. 예수가 인자된 표적에서 나타나는 두 가지 특징

히브리서 5장 1절

대제사장마다 사람 가운데서 택한 자이므로 하나님께 속한 일에

사람을 위하여 예물과 속죄하는 제사를 드리게 하나니

마가복음을 보면, 예수는 자신이 그리스도 되신 것을 숨기고 인자(人子)[8] 되신 것을 강조한다. 예수가 인자되신 것은 예수에게도 겉사람이 있음을 증명한다. 그의 몸은 연약하다. 그리고 그의 몸은 슬픔과 기쁨, 그리고 분노를 지각할 수 있다. 이것은 그가 우리와 같은 동일한 죄가 거할 수 있는 육신의 몸으로 오셨음을 나타낸다. 예수를 따르는 제자들 중, 어떤 이는 예수가 하나님의 아들이며 그리스도이기에, 그의 몸은 십자가에서도 뛰어내릴 강한 몸이며, 그의 정신은 강철처럼 강할 것이라 생각했을 것이다. 또한 그는 전지전능(全知全能)하기에 감정적이지 않으며, 합리적인 이성을 가졌을 것이라 생각했을 것이다.

그러나 인자된 예수는 그렇지 않았다. 그는 잠시 후면 살릴 나사로지만, 그의 죽음 앞에서 비통함의 눈물을 참지 못했다. 그는 자신을 위

---

8) 하나님이 보내시고, 다시 받으시는 사람의 아들.

해 기도하지 않는 제자들을 몇 번이고 꾸짖었고, 아들에게 들린 귀신을 쫓아내지 못한 제자들과 그 아들의 아비에게 저주스런 말을 퍼부었다. 그는 자신의 이름으로 전도하는 제자들이 성령의 기쁨으로 자랑하자, 어린아이처럼 기뻐했다. 또한 그는 자신에게 예정된 사망의 잔을 피하기 위해 피눈물을 흘리며 기도했다. 예수는 인자로 오셨기 때문에 사람의 아들이 가진 겉사람의 속성을 가지고 있다. 그러나 예수는 하나님의 언약과 성령으로 만들어진 속사람이 성령으로 잉태될 때부터 역사했기 때문에, 어떤 상황에서도 불순종하지 않았다. 이것은 예수의 속사람이 언제나 예수의 겉사람을 이겼기 때문이다.

예수가 인자된 표적이 나타내는 첫 번째 특징은 제물이다. 예수는 하나님의 어린 양이다. 죄 있는 세상에서 죄 없는 하나님이 임하시는 유일한 방법은 죄 없는 제단을 통해서이다. 이 죄 없는 제단은 죄 없는 제물로 만들어진다. 언약과 성령에게 온전히 순종한 예수는 혈과 육을 가진 사람의 아들이지만, 사람의 아들이 만든 겉사람의 의지를 나타내지 않았다. 인자된 예수의 가장 큰 영광은 그의 몸을 하나님께 어린 양의 제물로 드리는 것이다. 인자된 예수가 하나님의 어린양으로 드려진 죄 없는 제단에, 하나님은 불로 임하셔서 제물과 제단, 그리고 그 제단을 바라보는 자들을 정화(淨火)하신다. 제단에서 일어나는 정화는 그들이 갖고 있는 모든 죄를 불태워 없애는 것[9]이다.

인자된 예수의 제단은 정금 같아서 그 단에 어떠한 혼합적 섬김이 있

---

9) 제단에 자기희생의 제물이 드려질 때, 그 제물을 받으시는 하나님의 계시로 인해, 어린 양의 제물을 보는 모든 자들의 죄를 태우는 불세례.

을 수 없다. 오직 유일하신 하나님만, 그 단에서 예수의 이름으로 섬김을 받으신다. 우리가 예수의 십자가를 바라봐야 하는 것은 예수의 십자가를 바라볼 때, '인자'로서 드려진 어린 양, 예수의 표적을 볼 수 있기 때문이다. 그리고 그것을 본 우리는 시간의 간극(間隙)이 없이 즉각적으로 죄가 씻겨진다. 이 과정에서 인약이 물로 씻겨지든, 제단에 태워지는 불로 씻겨지든, 말씀을 통한 성령으로 씻겨지든, 그 상황은 사람마다 다를 수 있으나, 동일한 것은 나를 구원하시기 위해, 어린 양으로 하나님께 드려진 죄 없는 예수의 이름이 내 양심에 성령의 불로 인(印)을 찍는 것이다.

예수가 인자된 표적이 나타내는 두 번째 특징은 예물이다. 예수는 태어날 때, 동방으로부터 온 박사들에게 예물을 받는다. 이것은 인자로서 예수가 하나님의 보좌에 앉기 때문에 드려진 예물이다. 이 예물이 예수의 장례에 사용되는 것들로 예표될 수도 있지만, 이 예물은 보좌 위에 앉은, 왕 같은 제사장이 사용하는 것들을 상징한다. 다시 말해, 하나님의 어린 양은 제단에 드려진 제물로서만이 아닌, 하나님이 받으시고 보좌에 세우신 예물의 특징이 있다. 죄가 씻겨지고, 죄에서 떠나는 것은 이 세상에서 이루어지지만, 의의 옷을 입고 의를 행하는 것은 하늘의 신령한 것으로 이루어져 하늘에 세워진다.

그러므로 보좌에 앉은 왕 같은 제사장인, 예수는 인자로서 하나님의 보좌의 영광을 나타낸다. 예수는 제자들에게 죄의 몸과 세상의 법을 버리는 제물로서 그의 몸과 언약을 나누었고, 또한 보좌 위에 앉은 어린 양의 영광의 예물로서 그의 몸과 언약을 나누었다. 따라서 우리는 예수의 이름으로 세워진 제단에, 예수의 어린 양의 제물과 우리의 제물을 드려야 하며, 예수의 이름으로 세워진 왕 같은 제사장의 성소와 나라에, 예수의 어린 양의 예물과 우리의 예물을 드려야 한다. 제물(祭物)이 우리가 입은 죄의 옷들을 소각(燒却)한다면, 예물(禮物)은 우리에게 의와 영광의 옷들을 입혀준다.

say 25
하나님은 예수를 새 예루살렘의 예식에 사용되는 예물로 우리에게 보내셨다.

4. 예수가 만왕의 왕으로 나타내는 표적의 두 가지 특징

히브리서 7장 1-3절

이 멜기세덱은 살렘 왕이요 지극히 높으신 하나님의 제사장이라 여러 왕을 쳐서 죽이고 돌아오는 아브라함을 만나 복을 빈 자라, 아브라함이 모든 것의 십분의 일을 그에게 나누어 주니라 그 이름을 해석하면 먼저는 의의 왕이요 그 다음은 살렘 왕이니 곧 평강의 왕이요, 아버지도 없고 어머니도 없고 족보도 없고 시작한 날도 없고 생명의 끝도 없어 하나님의 아들과 닮아서 항상 제사장으로 있느니라

구약시대에 하나님께서 그의 백성에게 오시는 길은 언약(言約)이었다. 그 언약은 하나님을 향한 제단과 그 백성에게 허락한 하나님의 땅(가나안)이다. 오늘날까지 이어지는 신약시대에 있어서도, 하나님이 그의 자녀에게 오시는 길은 여전히 언약이며, 동일하게 그 언약은 하나님을 향한 제단과 그 자녀들에게 허락한 하나님의 나라(거룩한 도성)이다. 따라서 기독교 구원에 있어서, 거룩한 제단을 지키는 제사장과 거룩한 백성

을 이끄는 왕의 역할은 매우 중요하다. 예수에게 나타나는 네 번째 표적은 만왕의 왕이다. 그는 하나님의 자녀들을 성령의 법으로 통치하시고, 하나님의 자녀들에게 하늘의 신령한 것들을 먹게 하시며, 하나님의 자녀들이 하늘의 권능으로 죄와 악을 다스리게 한다. 예수가 만왕의 왕으로서 나타내는 표적에는 두 가지 특징이 있다. 첫째는 그의 이름으로 하나님께 맹세할 수 있다. 둘째는 그는 이 땅에 왕이 아닌, 거룩한 도성의 왕인 멜기세덱의 반차를 따르는 것이다.

맹세는 언약의 확실한 보증이다. 언약은 반드시 그것을 이루는 확실한 보증자가 있다. 이 땅에서의 보증은 물권과 인권이 있지만, 하나님의 언약에 대한 보증은 하나님이 세운 왕 이외는 없다. 아브라함은 하나님이 히브리인들에게 세운, 믿음의 보증자이다. 히브리인들의 믿음은 아브라함을 떠나서는 그 효력이 상실된다. 모세는 하나님이 이스라엘에게 세운, 율법의 보증자이다. 이스라엘의 율법은 모세를 떠나서는 그 효력이 상실된다. 다윗은 하나님이 유다 족속에게 세운, 왕조의 보증자이다. 유대인들의 왕조는 '다윗의 도'를 떠나서는 그 효력이 상실된다. 예수는 하나님이 세운, 구원의 보증자이다, 이스라엘인과 이방인의 구원은 예수의 이름을 떠나서는 그 효력이 상실된다. 그러므로 예수가 나타내는 만왕의 왕으로서의 표적의 특징은 예수의 이름으로 맹세한 모든 자들에게 사망을 이기고, 보좌에 거할 수 있는 구원의 확증을 준다.

예수가 나타내는 만왕의 왕으로서의 표적의 두 번째 특징은, 예수는 이 땅에 왕이 아닌, 거룩한 도성의 왕인 멜기세덱의 반차를 따르는 것이다. 그래서 예수는 의의 왕이며, 살렘의 왕이며, 평화의 왕이다. 예수가 의의 왕이라는 것은 그를 부르시고, 세우신 분이 하나님이기 때문에, 오직 하나님만이 그를 의롭다 칭하실 수 있다. 다시 말해, 만왕의 왕이신 예수에게는 하나님의 의(義)가 있다. 하나님은 예수를 통하여 자신의 의인 긍휼과 자비를 드러내신다. 예수 외에 누구에게도 하나님의 임재를 드러내는 긍휼과 자비가 없다. 예수는 살렘의 왕이다. 예수가 빌라도에게 고난 당할 때, 그는 그의 나라와 그의 백성[10]에 대해서 언급하셨다. 예수의 나라는 새 하늘과 새 땅인 하나님의 거룩한 성소가 있는 새예루살렘이다. 예수는 하늘에 있는 거룩한 도성, 살렘의 왕이다. 그래서 우리는 돌 위에 돌 하나도 남기지 않고, 무너질 이 땅에 예수의 나라를 세우려는 어리석은 노력을 하루빨리 멈춰야 한다.

마지막으로 예수는 평화의 왕이다. 세상의 왕들은 자신을 위하여 하나님을 섬긴다. 또한 자신을 위하여 백성들을 통치한다. 세상의 어떠한 왕도 하나님을 위하여 자신을 버리거나, 백성을 위하여 자신을 버리지 않는다. 왜냐하면 그것이 왕도(王道)이기 때문이다. 그래서 세상의 왕은 하나님 이외의 다른 신을 섬기더라도, 그 신에 의해 왕권이 보장된다. 오히려 왕권을 강화하기 위해 여러 신들을 섬겼다. 또한 자신을 위해 백성들을 희생시켜도 불의가 되지 않는다. 모든 백성이 죽더라도 왕이 살면 그 왕조는 지속되지만, 모든 백성이 살더라도 왕이 죽으면 그 왕조는 역사 속으로 사라진다.

그러나 멜기세덱의 반차를 따른 평화의 왕은 자신이 아닌, 하나님을

---

10) 요한복음 18장 36절 참고.

위해서 산다. 언제나 하나님과 화목(和睦)하다. 평화의 왕은 자신이 아닌, 백성을 위해서 산다. 백성을 통치하거나 다스리는 것이 그의 역할이 아닌, 백성에게 복을 빌어주고, 복을 받게 하는 것이 그의 역할이다. 평화는 싸움과 전쟁에서 얻는 것이 아니다. 평화는 희생(犧牲)과 용서(容恕)에서 얻을 수 있다. 복을 빌어주는 것은 죄를 용서하고, 의를 나누는 것이다. 예수는 복음을 통하여, 거룩한 성소(聖所)를 믿는 그의 백성에게 죄를 사해주시고, 의를 나누시는 만왕의 왕이다.

say 26

예수가 만왕의 왕 되신 표적의 특징은

우리가 하나님께 예수의 아름으로 맹세할 수 있다는 것이다.

하나님이 세운 만왕의 왕,

예수만이 하늘과 땅과 땅 아래의 모든 권세를 다스릴 수 있다.

5. 계층적 차별과 사망을 이긴 중생과 부활

히브리서 9장 14-15절
하물며 영원하신 성령으로 말미암아 흠 없는 자기를 하나님께 드
린 그리스도의 피가 어찌 너희 양심을 죽은 행실에서 깨끗하게 하
고 살아 계신 하나님을 섬기게 하지 못하겠느냐 이로 말미암아 그
는 새 언약의 중보자시니 이는 첫 언약 때에 범한 죄에서 속량하려
고 죽으사 부르심을 입은 자로 하여금 영원한 기업의 약속을 얻게
하려 하심이라

오늘날에도 여전히 계층적 차별이 유지되는 국가들의 종교를 살펴보
면, 다양한 신들을 섬기는 다신적(多神的) 종교가 성행하거나, 윤회를 기
반으로 한 내세(來世) 지향적 종교들을 발견할 수 있다. 다신적 종교와
내세 지향적 종교는 계급사회와 밀접한 관계가 있다. 인과응보(因果應報)
사상은 계급사회를 유지하는 강력한 통치 기반일 뿐만 아니라, 지배자
들에게는 다음 생에도 그 사회를 지배할 수 있는 안전한 종교 장치를
제공한다. 그러나 수천 년, 수만 년 동안 내세를 이용했던 계급사회는

예수 그리스도의 복음 앞에 막을 내렸다.

예수가 전한 복음과 그의 생애에 어떤 비밀이 있기에 인과응보 사상을 종식하고, 계층적 차별을 없앨 수 있었을까? 예수의 복음과 생애는 중생(重生)과 부활로 정의된다. 중생은 내세가 아닌, 현세에서 일어나는 거듭남으로, 내세의 조건이 되는 인과응보가 적용되지 않는 삶이다. 중생은 현세에서 이루어지기 때문에, 자신의 의지와 희생이 반영되지 않는다. 이것은 자신의 의지와 희생으로 착한 일을 하거나, 혹은 나쁜 일을 하는 것이 구원에 어떠한 영향을 미치지 않는 것을 의미한다. 이 얼마나 놀랍고 신선한가! 수천 년 혹은 수만 년 동안 일반적인 종교들은 현세이든, 내세이든 구원에 있어서 자신의 의지와 희생을 조건으로 삼았다. 그러나 예수의 구원은 이것을 요구하지 않는다. 예수의 구원에서 요구되는 것은 오직 예수의 의지와 예수의 희생이다. 그렇기 때문에 예수의 구원에서는 계층적 차별이 어떠한 형태로든 자리할 수 없다.

기독교를 내세적 종교로 생각하는 사람들이 있다. 이것은 엄밀한 의미에서 부활을 인정하지 않는 것과 별반 다르지 않다. 부활(復活)과 환생(幻生)[11]의 차이는 무엇인가? 부활과 환생은 사망의 영향에 따라 구분된다. 부활은 사망의 영향을 받지 않기 때문에 현세의 인격성이 내세에도 작용하지만, 환생은 사망의 영향을 받기 때문에 현세의 인격성이 내세에 작용하지 않는다. 부활한 예수를 만난 제자들은 처음에는 그를 영으로만 알고 두려워하지만, 그의 몸을 확인하고 말씀을 통해 그의 의지를 확인하면서, 부활한 그가 죽기 전에 그들과 함께 생활했던

---

11) 새로운 의지로, 형상을 바꾸어 다시 태어남.

바로 그 예수라는 것을 알게 된다.

더욱이 그는 말세 이후 도래하는 새로운 세계에서 그의 제자들을 기다린다고 약속한다. 부활한 예수는 사망을 완전히 이겼기 때문에 장차 도래할 새로운 세계에 있어서도, 여전히 같은 인격성으로 그들을 기다릴 수 있다. 그러나 환생은 사망의 영향을 받기 때문에 현세의 인격성이 내세에도 같은 인격성으로 작용하지 않는다. 현세를 살아가는 사람이 전생에 어떠한 위치에 있었다 할지라도, 사망의 끊김으로 그 위치는 현세의 인격성에 영향을 미치지 못한다. 또한 내세에 어떠한 위치가 보장받는다 할지라도, 사망이 가로막기에 그 위치는 현세의 인격성을 반영할 수 없다.

중생과 부활은 오직 예수 그리스도만이 이룬 구원이다. 그래서 물과 성령으로 이루어지는 중생은 예수 안에서만 일어나는 거듭남의 비밀이다. 예수 그리스도의 이름으로 현세에서 실행되는 죄 사함은 그를 믿는 자들이 묶인 죄의 인과성을 제거한다. 이로 인해 이들은 현세에서 어떠한 삶을 살더라도, 그들의 의지나 몸이 더 이상 죄에 따른 차별을 받지 않는다. 물과 성령으로 거듭난 하나님의 자녀[12]는 부활의 몸을 갖기 때문에, 사망의 영향을 받지 않는다. 이것은 사망이 현세에 있어서나 내세에 있어서, 하나님의 자녀에게 보장된 언약을 막을 수 없다는 것이다. 거듭남은 현세에 있어서 보장된 언약을 실현하고, 부활은 내세에 있어서 보장된 언약을 확증한다. 그러므로 예수 그리스도를 믿는 자들은 현세나 내세나 변함없이 같은 인격성을 나타낸다.

---

12) 거듭난 인격성.

say 27

중생과 부활은 하늘의 성소로 이끄는 대제사장 예수에게만 허락된 중보적 구원이다.

6. 거룩한 자들을 위한 성결

히브리서 10장 18-20절
이것들을 사하셨은즉 다시 죄를 위하여 제사 드릴 것이 없느니라
그러므로 형제들아 우리가 예수의 피를 힘입어 성소에 들어갈 담
력을 얻었나니 그 길은 우리를 위하여 휘장 가운데로 열어 놓으신
새로운 산 길이요 휘장은 곧 그의 육체니라

하나님의 가장 큰 하나님 되심은 거룩함에 있다. 실제로 거룩하다는
의미는 세상의 용어가 아니다. '거룩하다'의 의미는 '성스럽다'는 의미이
고, '성스럽다'는 것은 범상한(일반적이거나 모방할 수 있는) 경지를 넘어선 것
을 의미한다. 거룩함은 하나님의 고유한 본질이다. 이 거룩함에 두 가
지 특징이 있는데, 하나는 생명이며, 다른 하나는 빛이다. 생명은 스스
로 존재하는 유일한 나타남이며, 빛은 시작과 끝이 같은 영원함이다.
그렇다면 거룩하지 않다는 것은 무엇인가? 죄이다. 죄의 특징은 생명이
없으며, 빛이 없다. 그래서 죄는 스스로 존재할 수 없다. 옛사람 아담
도, 불순종의 바벨론도, 옛 뱀인 사탄도 모두 죄 안에 거했기 때문에 생
명을 잃었고, 마지막 날에 심판을 받는다.

거듭남은 하나님의 생명과 빛을 다시 받아 새롭게 태어나는 것을 말한다. 예수님은 니고데모에게 물과 성령으로 거듭남을 말씀하시면서 육으로 난 것은 육이고, 영으로 난 것은 영이라고 말씀하셨다. 첫 번째 태어남이 죄로 인한 육으로 난 것이라면, 두 번째 태어남은 물과 성령에 의한 영으로 태어남이다. 거룩해서 거듭나는 것이 아닌, 거듭나는 것이 거룩한 것이다. 예수 그리스도를 믿는 자들은 예수 그리스도의 보혈과 예수 그리스도가 보낸 성령으로 거듭난 거룩한 자들이다. 그들의 거룩함은 하나님의 양자된 영과 예수 그리스도의 의지인 언약에서 확인할 수 있다. 또한 이들은 하나님의 말씀을 성령으로 들을 수 있으며, 성령으로 말할 수 있다. 그러나 속사람은 물과 성령이 작용하는 사람이기 때문에, 이기적 의지가 작용하는 겉사람이 드러날 때는 나타나지 않는다.

성결(聖潔)은 거룩하고 깨끗함[13]을 의미한다. 성결은 '서로의 언약을 굳게 맹세한다'는 의미에서 깨끗하다는 뜻이 있다. 그래서 성결은 거룩한 자들이 그들의 언약을 지키는 것이다. 거룩한 하나님과 언약을 맺으므로 거룩해졌다면, 거룩한 하나님의 언약을 실천함으로 성결해진다. 예수 그리스도가 성결의 주가 되신 것은 그가 그리스도로서 하나님과 약속한 모든 언약을 지켰기 때문이다. 그 안에는 하나님의 본(本)인 생명과 빛이 있다. 속사람은 언약으로 태어나, 생명과 빛 안에서 언약을 실천하는 사람이다. 겉사람이 죽고, 속사람이 살아 있다는 것은 거룩한 하나님의 언약이 실행되는 것이지만, 겉사람이 살고 속사람이

---

13) 潔(깨끗할 결)은 서로의 약속을 굳게 맹세한다는 의미에서 깨끗하다는 뜻이 있다.

죽는다는 것은 거룩한 하나님의 언약이 실행되지 않는 것이다.

거룩한 자들은 겉사람이 죽고, 속사람이 사는 성결을 위해서 하나님 아버지의 의지를 기억해야 한다. 그것은 경험으로 몸에 기록된 기억이 아닌, 그리스도의 의지에 기록된 기억이다. 우리의 생각과 행동은 성결함으로 하나님께 드려질 몸이다. "나의 영은 하나님의 거룩한 영이며, 하나님의 영이 기뻐하심에 나의 영은 항상 기쁘다. 나의 의지는 이기적 의지가 제거된, 그리스도의 생명의 의지이며, 그리스도의 빛으로 나의 의지는 빛난다. 나의 몸은 물과 성령으로 거듭난 몸이며, 성령의 생각과 마음이 나의 몸을 사용하신다." 아멘.

say 28
거룩함은 구도와 수행으로 얻는 것이 아닌, 어린양의 속죄로 이루어진다. 거룩한 자가 중생한 자가 아니고, 중생한 자가 거룩한 자이다.
그러나 중생하였다고 모두 성결한 자는 아니다.
중생의 언약을 지킨 자만이 성결한 자이기 때문이다.

7. 믿음의 기억을 회복하는 치유

히브리서 11장 1-2절

믿음은 바라는 것들의 실상이요 보이지 않는 것들의 증거니

선진들이 이로써 증거를 얻었느니라

　치료(治療)와 치유(治癒)는 병을 고치는 자가 고침을 받는 자에게 어떠한 것을 먹임으로 병든 자를 고치는 공통점이 있다. 병든 몸이 고침을 받으려면, 병을 고쳐주는 자의 다스림을 받아야 한다. 이 다스림을 받는 것은 구체적인 약이나 물리적인 방법을 따르는 것이지만, 궁극적으로 병을 고쳐주는 자의 말에 병든 몸을 제공하는 것이다. 치료는 병든 부분에 대한 고침이다. 치료는 병든 부분이 햇불로 태워지는 것을 의미한다. 병든 자가 치료를 받았을 때, 그 부위가 작든, 크든 혹은 병의 종류가 가볍든, 중하든 치료자의 다스림은 병든 자의 몸에만 작용한다. 치료의 목적은 병든 자의 요청(要請)이 있을 때, 치료자[14]가 그 요청을 들어주는 것이다. 요청이 없는 곳에서는 치료가 일어나지 않는다. 요청은 치료자의 권위를 인정하는 것이다. 그래서 권위는 치료에 있어서 조

---

14) 예수는 믿음이 없어도 병든 자의 요청에 응해, 그들을 치료해 주셨다.

건이 된다.

이에 반해, 치유는 병에 의해 갇혀 있는 마음을 여러 가지 방법으로 고치는 것이다. 죄에 의해 갇혀 있는 마음은 병든 몸을 만든다. 병의 원인이 마음인 것이다. 마음을 병들게 하는 것은 죄다. 치유는 마음에 자리 잡은 죄를 제거함으로 병든 몸을 고치는 것이다. 그래서 믿음은 치유에 있어서는 조건이 된다. 치유에 전제되는 믿음은 혈루증에 걸린 여인처럼 자신의 믿음으로 이루어지는 경우도 있지만, 병든 몸이 있는 마음은 쉽게 악에 갇히기 때문에, 베데스다 연못에서 38년 동안 물이 돌기를 기다리는 병자처럼, 스스로 온전한 믿음을 갖는다는 것은 매우 어려운 일이다. 그래서 이들에게는 공동체의 믿음이 필요하다. 복음서에 나오는 백부장의 하인이나 백부장의 딸, 그리고 상에 누운 중풍병자는 그들의 믿음으로 치유를 받은 것이 아닌, 그들이 속한 공동체의 일원인 백부장과 친구들의 믿음으로 고침을 받았다.

치료와 치유는 어떻게 이루어지는 것일까? 치료는 치료자의 의술이나, 조제한 약이 병든 부분에 도달하여, 병든 부분을 제거함으로 이루어진다. 치유는 죄를 제거할 수 있는, 치유자의 의지가 병든 자의 마음에 자리 잡은 죄를 제거함으로 그 몸을 다스릴 때 이루어진다. 치료는 치료자에게 몸을 제공할 때, 그리고 치유는 치유자에게 의지를 제공할 때 이루어진다. 그래서 대부분 치유를 받는 자들의 상태는 그들의 의지로 그들의 몸을 사용할 수 없을 정도로 병세가 깊은 것을 확인할 수 있다.

우리의 몸과 마음은 기억(記憶)에 의해 작용된다. 우리의 몸과 마음은 생각에 의해서 작용되는 것이 아니다. 생각은 막히지 않는 물과 같고, 담기지 않는 공기와 같다. 그래서 생각은 발생하지만, 곧 사라지고, 만들어지지만 곧 소멸된다. 기억은 몸과 마음을 작용하게 한다. 기억은 몸에 경험이 작용할 수 있도록, 내면의 세계에서 의지로 여러 가지 형태의 마음을 만든다. 또한 외연의 세계에서, 경험으로 만들어진 기호들에 의지가 적용될 수 있도록, 의미를 부여한다. 그러므로 기억을 통하여 내면의 세계에서 작용하는 의지가 몸을 다스릴 수 있고, 외연의 세계에서 작용하는 경험이 의미가 되어, 몸에 저장(貯藏)된다.

기억은 세 가지 차원에서 만들어진다. 첫째는 경험에 대한 몸의 기억이다. 생각과 행동을 통해 발생된 경험들은 몸에 기억된다. 그러나 이 기억은 사실(事實)을 기억하는 것이 아니다. 기억은 의지가 만든 마음이 작용하기 때문에, 보거나 들은 사실이 기억되는 것이 아니라, 그 사실들이 반영된 의미들을 기억한다. 의미 없는 것들은 몸에 기억되지 않고, 또한 추억되지 않는다. 둘째는 의지에 대한 무의식(無意識)의 기억이다. 무의식의 세계는 의식이 작용하지 않는 세계이며, 몸의 경험이 이루어지지 않는 세계이다. 몸의 경험은 인식을 통해 이루어지지만, 무의식을 통한 기억은 인식이 작용되지 않으므로 몸에 경험되지 않는다. 그러나 몸에 경험되지 않는다고 마음에 기억되지 않는 것은 아니다. 오히려 몸의 의식이 중지되는 무의식의 세계에서는, 수많은 의지들이 만들어놓은 마음의 형태들이 있다. 두려움이나 평안함 혹은 외로움이나 만족함, 그리고 공격이나 방어들은 무의식의 세계에서 기억된다. 셋째는 생명에 대한 영의 기억이다. 이것은 창조주에 대한 기억이다. 모든 피조물은 창조주의 의지로 만들어졌고, 그들의 영은 창조주의 생명을 기억한다. 하나님의 자녀들은 하나님의 생명이 기억되어 있고, 사탄의 자녀들은 사탄의 생명 없음이 기억되어 있다.

치료와 치유는 기억을 통하여, 영과 의지, 몸이 훼손되기 이전으로 돌아가는 것이다. 몸이 건강한 생각을 하시 못하면, 치료를 위한 요청도 멈추게 된다. 그래서 치료에 대한 요청은 몸이 그 기능을 다할 때까지, 건강한 몸에 대한 기억을 잊지 말아야 한다. 또한 의지의 치유는 공동체 안에서 이루어진다. 공동체를 떠난 고립된 의지는 치유의 마음을 보지 못한다. 공동체는 생각과 행동을 하는 몸으로 결합되어 있는 것이 아닌 언약으로 결합되어 있다. 병든 마음은 어떠한 상황 속에서도 사랑의 언약을 기억해야 한다. 마지막으로 영은 반드시 창조주의 생명을 기억해야 한다. 창조주의 영은 생명과 빛이기에, 어떠한 편견과 조건 없이 악한 기억은 소각시키고, 선한 기억은 회복시킨다.

say 29

치료는 몸의 병든 부분이 고쳐지는 것이고,

치유는 병든 마음이 고쳐져 몸이 나아지는 것이다.

치료는 고침을 요청하는 자들에게 이루어지고,

치유는 고침을 믿는 자에게 이루어진다.

8. 징계를 받아 재림의 주를 기다리는 자

히브리서 12장 7절
너희가 참음은 징계를 받기 위함이라 하나님이 아들과 같이 너희를 대우하시나니 어찌 아버지가 징계하지 않는 아들이 있으리요

예수 그리스도의 구원은 중보자(仲保子)적 구원이다. 중보자적 구원은 두 가지 조건이 요구된다. 첫째는 언약이 지속적일 때, 구원이 유지된다. 설령 천 년 동안 언약이 지속되었을지라도, 어느 한순간 언약의 지속성이 끊기면 중보자적 구원은 그 효력을 잃게 된다. 하나님은 예수 그리스도의 언약 안에서 그의 백성에게 계시하시고, 그의 백성은 언약 안에서 예수 그리스도의 표적을 나타낸다. 언약이 지속적일 때, 구원의 효력은 시간이나 공간, 차원이나 세계에 제한을 갖지 않고 유효(有效)하다.

둘째, 성령이 중보자를 보증(保證)[15] 할 때, 구원이 유지된다. 성령은 구원을 성취하는 중보자를 보증한다. 그래서 성령은 예수 그리스도의 보증자이다. 그 보증은 하나님께도 유효하지만, 구원을 믿는 하나님

---

15) 지키고 알리는 것.

의 백성에게도 유효하다. 하나님은 성령을 통하여, 예수 그리스도의 구원을 인정하신다. 또한 그의 백성은 성령을 통하여, 예수 그리스도의 구원을 확신한다. 그러므로 성령의 증언이 없는 곳에서 예수 그리스도의 구원은 효력을 가질 수 없다.

예수 그리스도의 언약은 초림(初臨)과 재림(再臨)으로 지속되며, 성령은 초림과 재림의 언약을 이루시는 예수 그리스도를 보증한다. 예수 그리스도의 초림은 하나님이 그의 자녀들의 죄를 사해주는 언약의 실행이다. 예수 그리스도의 재림은 하나님이 그의 자녀들을 새예루살렘으로 옮기시는 언약의 실행이다. 이를 위해 하나님의 나라는 예수 그리스도의 초림으로 시작되어, 예수 그리스도의 재림 이후 나타나는 천년 왕국까지 지속된다.

만왕의 왕이 다스리는 천년 왕국은 사망과 음부가 불못에 던져지고, 사망에 속한 자들이 그 행위대로 심판당한 후, 나타나는 새예루살렘을 말하는 것이 아니다. 하나님의 나라는 예수 그리스도의 언약으로 지속되는 나라이며, 예수 그리스도의 사람들이 성령의 보증으로 중생과 첫 번째 부활을 통해 살아가는 나라이다. 그러므로 예수 그리스도의 사람들에게는 징계(懲戒)가 따른다. 예수 그리스도의 사람들은 죄 사함으로 받은 깨끗한 어린 양의 예복을 입어야 하며, 그들은 다시 오실 재림의 주를 항상 기다려야 한다.

징계는 일반적으로 허물 따위를 뉘우치도록, 주의를 주고 꾸짖는 것을 말한다. 그러나 징계의 허물은 개인의 의도나 생각에 따른 사적 영역이 아닌, 규율을 따르는 공적 영역에서 발생한다. 징계는 개인의 죄가 아닌, 공동체의 책임[16]에 적용된다. 하나님의 나라에 있는 예수 그리스도의 사람들은 이기적 의지와 자신의 경험이 작용하는 생각을 따르는 사람들이 아니다. 예수 그리스도의 사람들은 새 언약을 믿는 공동체로서, 성령의 법을 지키는 자들이다. 이들은 죄를 지어서 징계를 받는 것이 아니라, 의(義)를 행함에 있어서 상을 받지 못했기에 징계를 받는다.

예수 그리스도의 사람들이 의를 행함에 상 받는 것은 무엇인가? 그것은 언약 안(內)[17]에서 재림하시는 예수를 만나는 것이다. 재림의 예수를 만나는 자는 의로운 자이며, 재림의 예수를 만나지 못하는 자는 의롭지 않은 자이다. 공중에서 천사들이 재앙이 담긴 대접들을 쏟을 때, 울리는 나팔 소리를 듣는 자는 누구인가? 만왕의 왕이 옛 뱀인 용(사탄/마귀)을 잡아 무저갱에 가둘 전쟁을 위하여, 그의 백성을 모을 때 울리는 북소리를 들을 수 있는 자는 누구인가? 이 소리를 듣는 자는 재림의 주를 맞이하는 자이며, 이 소리를 듣지 못하는 자는 재림의 주를 맞이하지 못하는 자이다.

징계는 이 소리를 듣지 못하는 예수 그리스도의 사람들에게 지속적으로 행해진다. 성령은 모든 상황 속에서 꾸짖음과 주의를 통해서 다시 오실 예수를 기다리게 한다. 그러나 오늘날 믿는 자들 사이에, 예수의 재림이 지연된다는 이유로, 징계에 대한 경계(儆戒)[18]가 사라지고 있다. 이것은 예수의 재림을 역사적으로, 어느 한 지점에서 발생하는 사

---

16) 요한계시록에 언급된 일곱 교회를 참고하자

17) 물질의 세계에서는 육체의 경험으로 이루어지는 것이 사실이지만, 믿음의 세계에서는 언약 안에서 이루어지는 것들이 사실이다.

18) 위급한 일에 조심하고, 주의함.

건으로 생각하기 때문이다. 물론 예수의 재림은 종말의 초말단에서 천년왕국을 바로 앞두고 이루어지는 미래적 사건이다. 그러나 예수의 재림은 언약과 성령의 보증으로, 하나님의 나라에 참여한 예수 그리스도의 사람들에게는, 초림에서 재림이 이르기까지 그 어느 때든 유효하다. 이는 예수 그리스도가 역사적으로 재림하지 않을지라도, 재림의 언약이 가진 만왕의 왕의 통치와 경계, 그리고 충성된 자들의 상 받음은 현재적으로 유효하게 진행된다. 왜냐하면 중보자를 통한 언약으로 이루어지는 구원은 시간과 공간, 그리고 차원과 세계에 제한을 받지 않기 때문이다. 징계는 우리가 천사의 나팔소리를 듣지 못하고, 현재의 평안과 풍요 속에 나태하고 게으를 때, 상시적(常時的)으로 예수 그리스도의 보혈과 부활을 깨닫게 한다.

say 30
재림의 믿음 안에 사는 자들에게는
만왕의 왕의 통치와 징계, 그리고 상 받음이
어떠한 지연 없이 오늘 이 순간에도 현재적으로 진행된다.

6장
분리(分離)와
소멸(消滅)의 극복

소멸을 극복할 수 있는 방법이 있다. 그것은 언급을 통한 기억(記憶)이다. 언급은 말이 미치는 영향이다. 그런데 이 언급은 내가 타인의 의지에 영향을 미치는 것이 아니라, 타인의 말을 자기 스스로에게 언급하므로, 자신의 의지에 영향을 미치는 것이다. 소멸을 극복할 수 있는 방법은 현재를 과거와 미래에 양보하는 것이 아니라, 과거와 미래를 현재에 양보하게 하는 것이다.

1. 감사와 언급을 통한 기억

데살로니가전서 1장 2-3절
우리가 너희 모두로 말미암아 항상 하나님께 감사하며 기도할 때
에 너희를 기억함은 너희의 믿음의 역사와 사랑의 수고와 우리 주
예수 그리스도에 대한 소망의 인내를 우리 하나님 아버지 앞에서
끊임없이 기억함이니

"열 길 물속은 알아도, 한 길 사람 속은 모른다"는 속담이 있다. 사람의 마음을 이해하는 것이 그만큼 어렵다는 말이다. 왜 우리는 서로 서로의 마음을 이해하는 것이 그렇게 어려운가? 그것은 사람의 마음이 보이지 않고 감추어진 것이기 때문이 아니라, 우리가 살아가는 세계가 분리(分離)와 소멸(消滅)의 세상이기 때문이다. 분리(分離)는 물질의 세계를 살아가는 모든 존재에게 독립된 의지(意志)와 의미(意味)를 부여한다. 이것은 같은 꽃이지만 전혀 다른 꽃들을 가능하게 하고, 같은 물건이지만 서로 다른 수많은 의미를 갖게 한다. 또한 소멸(消滅)은 물질의 세계를 살아가는 모든 존재들은 죽음을 맞이하므로 존재의 특성을 잃고, 동일하게 사라지게 한다. 물질의 세계에 존재하는 모든 것은 과거

와 현재, 그리고 미래의 시간을 직면한다. 소멸의 특징이 없다면, 과거와 미래는 현재에 편입될 것이다.

인력(引力)과 척력(斥力)은 분리됨에서 나오는 두 개의 힘이다. 인력과 척력은 분리된 의미들과 의지들을 드러내는 작용을 한다. 예를 들어, 연인(戀人)들은 만남으로 드러나는 두 사람의 의지가 있고, 또한 헤어짐으로 드러나는 두 사람의 의지가 있다. 이것은 누구의 잘못이나 어쩔 수 없는 상황의 문제가 아닌, 그들이 자신의 의지를 드러낸 결과일 뿐이다. 많은 사람은 같은 의지로 만나고, 다른 의지로 헤어진다고 생각하지만, 실제로 물질의 세계는 서로 다른 의지에 의해 만나고, 서로 같은 의지에 의해 헤어진다.

소멸은 같은 것끼리 만나 다름으로 만들어진 실존성을 잃는 것이다. 소멸이 없다면, 과거와 미래는 현재에 편입될 것이다. 소멸이 작용하지 않을 때에만, 현재가 유지될 수 있다. 반대로 소멸이 작용하면, 현재는 과거 혹은 미래를 통해서만 확인된다. 그래서 사람들이 살아가는 의지의 거처를 살펴보면, 그들의 의지가 과거 시간에 머물러 있거나, 혹은 미래 시간에 떠나있는 것을 발견할 수 있다. 예수 그리스도를 정죄한 유대 당국자들이나 바리새인들은 왜 하나님의 아들인 예수 그리스도를 알아보지 못했을까? 그들이 하나님에 대한 믿음이 없어서, 혹은 그들이 하나님 나라에 대한 지식이 없어서일까? 그렇지 않다. 그들은 소멸의 세상에서 살기에, 과거의 예수나 미래의 그리스도만 볼 수 있기 때문이다. 그래서 그들은 눈앞에 서 있는 하나님의 아들, 예수를 볼 수 없었던 것이다.

분리와 소멸을 극복하는 방법이 있다. 분리를 극복하기 위해서는, 의미와 의지가 하나가 되어야 한다. 감사(感謝)는 모든 의미와 의지가 하나 될 수 있는 방법이다. 감사는 자신의 의지를 공격당하지 않으면서, 타인의 의지를 수용할 수 있는 방법이다. 또한 타인의 의지에 상처를 입히지 않고, 자신의 의지를 타인에게 전달할 수 있는 방법이다. 감사는 단순히 타인에게 어떤 행위에 대한 고마운 감정을 나타내는 것이 아니다. 감사는 타인의 의지를 잊지 않고 간직하는 것이며, 또한 자기의 의지를 타인에게 맡기는 것이다. 즉 감사는 서로 다른 마음에 같은 의지를 소장(所藏)하는 것이다.

감사는 물질의 세계에서 의미와 의지를 교환할 수 있는 가장 안전하고 평화로운 나눔이다. 우리가 하나님께 감사한다는 것은 하나님의 의지를 우리가 수용하는 것과 우리의 의지가 하나님께 상달되었음을 확인하는 것이다. 감사는 의지와 의미의 분리를 없애고, 하나의 의지와 의미를 남긴다. 예수 그리스도는 감사를 통해 하나님의 모든 기적과 표적을 소장하셨다. 오늘날 우리 역시 감사를 통해 예수 그리스도의 모든 기적과 표적을 소장할 수 있다.

또한 소멸을 극복할 수 있는 방법이 있다. 그것은 언급을 통한 기억(記憶)이다. 언급은 말이 미치는 영향이다. 그런데 이 언급은 내가 타인의 의지에 영향을 미치는 것이 아니라, 타인의 말을 자기 스스로에게 언급하므로, 자신의 의지에 영향을 미치는 것이다. 소멸을 극복할 수 있는 방법은 현재를 과거와 미래에 양보하는 것이 아니라, 과거와 미래를 현재에 양보하게 하는 것이다. 다시 말해, 모든 시간을 현재로 만드는 것이다. 과거의 말씀이든 미래의 말씀이든, 언급을 통하여 현재의 마음에 기억하도록 만드는 것이다.

바울과 데살로니가 교인들은 서로의 몸이 떨어져 있지만, 그 어느 때보다 긴밀하게 소통하고 있다. 우리는 바울과 데살로니가 교인들 사이에서 그들의 의지가 분리되어 있거나, 그들이 받은 은혜가 소멸되어 있다는 것을 찾을 수 없다. 오히려 바울은 자신이 기도하는 순간순간에 그들을 더욱더 생생하게 기억하고 있음을 고백한다. 바울과 데살로니가 교인들 사이에 관계된 특별함은 무엇인가? 그것은 언급을 통한 기억이다.

바울은 데살로니가 교인들에게 특별히 무엇을 잘해 주거나, 데살로니가 교인들은 특별히 바울을 잘 섬긴 것이 아니다. 바울은 감옥에 갇혀 있음에도 불구하고, 그곳에서도 쉬지 않고, 데살로니가 교인들이 예수 그리스도를 영접하기까지 그들이 어떻게 우상을 섬기던 것으로부터 떠났는지에 대해, 언급함으로 그들을 기억한다. 또한 데살로니가 교인들은 바울에게 전해들은 예수 그리스도에 대한 복음을 쉬지 않고, 언급함으로 바울을 기억한다. 언급을 통한 기억은 물질의 세상에서 발생하는 소멸을 멈추게 한다. 그러므로 감사는 타인과의 분리를 막고, 언급을 통한 기억은 자기 안에서 일어나는 소멸을 정지시킨다. 그 결과, 믿음은 역사가 되고, 수고는 사랑이 되며, 인내는 소망이 된다.

say 31
내 안에 있는 그리스도의 마음은 예수 없이 열 수 없고,
성령 없이 들어갈 수 없다.

2. 환난 중에 흔들리게 하는 두려움과 외로움

데살로니가 2장: 5절
- -
너희도 알거니와 우리가 아무 때에도 아첨하는 말이나 탐심의 탈
을 쓰지 아니한 것을 하나님이 증언하시느니라
- -

욥기 11장 13-14절에 "만일 네가 마음을 바로 정하고 주를 향하여
손을 들 때에 네 손에 죄악이 있거든 그것을 멀리 버리라"고 말씀하신
다. 왜냐하면 손에 있는 죄악을 멀리 버리지 않으면, 불의가 내 장막에
머물기 때문이다. 일단 불의가 장막에 머무르면, 아무리 주를 향해 손
을 들어도, 그곳에서 흠과 두려움이 자라기 마련이다. 믿음은 행실에
영향을 미치는 것 같지만, 실상은 믿음이 행실에 영향을 미치는 것이 아
니라, 믿음의 대상이 행실에 영향을 미친다. 믿음은 내면에 존재하는 새
롭게 만들어진 마음이다. 믿는다는 것은 믿음의 대상을 내면의 세계로
영접하는 것이다. 나 아닌, 다른 의지가 내 안으로 들어올 때는, 그 의
지는 내 의지가 만든 마음에 영향을 미친다.

두려움(恐)[1]과 외로움(孤)[2]은 다른 존재의 의지에 영향을 받아 변화된 마음이다. 두려움은 내 안에 영접된 의지가 내 마음을 공격할 때, 만들어지는 마음이다. 외로움은 내 안에 영접된 의지가 내 마음을 버려둘 때, 만들어지는 마음이다. 따라서 두려움과 외로움을 느낀다면, 그것은 내면의 세계에서 어떤 이의 의지가 내 마음에 좋지 않은 영향을 끼치고 있는 것이다. 두려움은 잘못된 믿음의 대상을 영접할 때 발생한다. 잘못된 믿음은 내 의지를 억압하고, 핍박하므로 마음을 장악한다. 그러나 놀랍게도 두려움의 실체는 아무것도 아니다. 두려움의 실체는 아첨하는 말이다. 아첨(阿諂)은 언덕 너머로 함정을 만드는 말이다.

실제로 아무것도 아닌, 보잘것없는 것들이 마음을 때려, 그 소리에 놀라게 하여, 한 치 앞도 볼 수 없도록 만드는 것이다. 그리고 그 언덕 너머에는 죄가 채워진 함정이 있다. 아담의 마음을 죄의 밭으로 변하게 만든 뱀을 보라. 뱀은 아담을 압도하여, 그를 종으로 부릴 수 있는 어떠한 물리적 힘을 가지고 있지 않다. 또한 악한 영에 사로잡혀, 평생 다윗을 죽이지 못해 안달했던 사울을 보라. 사울이 다윗을 능가할 힘을 가졌다면, 사울은 그 긴 시간, 국력을 낭비하지 않았을 것이다.

의지는 자연적 언약[3]과 쌍무적 언약[4]으로 다른 의지와 한마음에 거한다. 외로움은 주로 쌍무적 언약을 통하여, 다른 이의 의지를 내 안에 영접했을 때, 그 의지가 언약을 지키지 않아 발생한다. 대개 쌍무적 언

---

1) 두려워할 공(恐)은 흙을 다지는 도구인 달구로 땅을 내리치듯, 마음을 내리치는 것.
2) 외로울 고(孤)는 의지할 때가 없다.
3) 의지의 상속을 통해 한 몸을 사용할 때 하는 약속.
4) 의지가 이익을 위해 한 몸을 사용할 때 하는 약속.

약은 힘이나 이익을 위하여 몸을 대여한다. 그런데 외로움은 타인의 의지가 탐심(貪心)으로 내 몸을 지나치게 사용함으로 내 의지가 정작 내 몸을 사용할 수 없게 한다. 이때, 의지가 몸으로부터 멀리 떨어져, 외로운 마음을 만든다. 외로움은 타인이 자기 자신을 알아주지 않아서 생기는 것이 아니다. 오히려 타인의 탐심에 몸의 사용을 양보해, 의지가 자기의 몸을 사용하지 못해서 만들어진 마음이다.

say 32

성령이 임하면 나는 쇠하고 예수의 이름은 흥해야 하는데,

우리는 어리석게도 성령이 임하면 내가 흥해진다고 생각한다.

3. 정함과 구별을 가리는 것

데살로니가전서 4장 3-5절:
하나님의 뜻은 이것이니 너희의 거룩함이라 곧 음란을 버리고 각
각 거룩함과 존귀함으로 자기의 아내 대할 줄을 알고, 하나님을 모
르는 이방인과 같이 색욕을 따르지 말고

타종교들은 신에게 가기 위해, 그 신을 섬기는 자들에게 요구되는 특
별한 노력과 공로가 있다. 그러나 기독교는 하나님께서 자녀들에게 오
시기 때문에, 친히 하나님께서 주시는 은혜와 은총이 있다. 이 은혜와
은총이 거처하는 곳이 거룩함[5]이다. 거룩함은 정(淨)함과 구별(區別)됨
으로 생성된다. 정함은 하나님이 주시는 은혜로써 죄를 바라볼 수 있
게 하는 하나님의 법(法)이다. 구약에서 있어서 하나님은 이스라엘에게
율법을 주심으로, 죄 된 이방신을 떠나 하나님을 바라볼 수 있게 하셨
다. 신약에 있어서는 하나님은 우리에게 성령의 법을 주심으로, 죄 된
세상을 떠나 하나님을 바라볼 수 있게 하신다. 구별은 하나님이 주시
는 은총으로써 의를 바라볼 수 있게 하는 상급이다. 성령이 주시는 은

---

5) 예수는 하나님의 은혜와 은총이 머문 거처이다.

사는 '은총 받은 자'에게 허락된 하늘의 상급이다.

하나님의 지혜와 지식은 마음과 몸을 정하게 한다. 예지(叡智)는 하나님의 지혜와 지식이다. 예지는 세상의 어떤 의지보다 선재(先在)하기 때문에, 어떠한 의지로도 반론할 수 없으며, 어떤 행위로도 가릴 수 없다. 예수가 그리스도이신 이유는 부정한 세상의 의지들이 비록 강할지라도, 그에게 허락된 하나님의 지혜와 지식을 막지 못했기 때문이다. 또한 예지를 아는 자들은 회개를 통하여 마음의 위치를 이동시킨다. 반성(反省)이 단순히 행동을 교정하는 것이라면, 참회는 마음의 위치를 거짓에서 진리로 이동시키고, 마음을 불의에서 옳음으로 이동시킴으로 의지를 교환[6] 한다.

구별은 하나님의 자녀들이 하나님의 신령한 일에 쓰임 받는 것이다. 성령의 역사 혹은 성령의 열매는 즉흥적인 기도로 이루어지는 것이 아니다. 성령의 역사는 반드시 하나님의 계획하심에 따라 나타나며, 그 계획하심은 태초부터 언약에 따른 예정(豫定)으로 이루어진다. 구별된 하나님의 자녀들의 마음과 몸은 죄 가운데 살았던 자신의 몸과 마음이 아니다. 하나님은 외연의 세계에서 만들어진 겉사람을 교정하여, 그의 계획을 실행하지 않으신다. 오히려 하나님의 예정은 먼저 계획이 실행된 후, 태초부터 예정된 속사람의 몸과 마음을 드러낸다. 믿음으로 태어난 속사람[7]은 현재에 드러나지만, 그 존재는 그리스도의 시간부터 이미 생명이었던 '참된 나'이다.

---

6) 다른 이의 의지가 만들어 놓은 공로와 업적이 내 안에 세워짐.

7) 속사람은 창조주의 의지로 만들어진, 창세 이전부터 존재한 참된 나.

그리스도 안에 있는 '참된 나'는 늘 거룩하다. 그런데 왜 오늘날 그리스도인들은 거룩함을 어색하게 여기는가? 음란(淫亂)과 색욕(色慾) 때문이다. 음란과 색욕은 단순히 성적인 유희를 추구하는 것이 아니다. 음란은 하나님의 뜻인 예정을 보지 못하게 하는 사탄의 탐하는 마음과 사악한 의지이다. 성경은 고대 도시국가 이집트와 바벨론을 음녀에 비유한다. 이집트와 바벨론의 왕들이 성적인 유희에 빠져 있어서, 그들을 음녀로 비유하는 것이 아니라, 이집트의 지혜와 지식들이 어지러운 사후 세계들과 거짓된 부활에 대한 믿음을 만들었기 때문이다. 창세 이전의 그리스도의 예지가 없는 사후세계와 부활은 그저 사탄의 왕국인 사망(死亡)에 불과하다.

바벨론은 어떠한가? 바벨론의 지혜와 지식의 출처는 무지한 사후세계와 부활을 부정하는 믿음이다. 그들의 도시문명은 철저한 현세적 믿음으로 만들어졌다. 그들은 사람이 죽으면, 선악의 의미를 찾을 수 없는 스올로 내려간다고 믿었다. 성경에서 말하는 색욕은 단순히 남녀 간의 성적 욕구를 말하는 것이 아니다. 이 색욕은 현세적 번영에 눈이 먼, 형체주의[8]나 물질만능주의이다. 이 형체주의는 몸과 마음이 없는 귀신에게도 살아 있는 자와 같은 형태를 제공하는 조작을 서슴없이 진행한다. 그러므로 색욕은 하나님의 예정된 말세를 부정하게 한다. 그리스도의 예정을 모르는 현세 지향적인 색욕은 무(無)의 시간으로 위장한 귀신의 지옥일 뿐이다.

---

8) 눈에 보이는 형태를 중시하는 마음.

say 33

이기적 의지가 작용하지 않는 하나님의 제단과 형제의 마음에

예수 그리스도의 은혜와 진리를 보관하자.

4. 선의 특징과 선에 참여

많은 사람이 선(善)은 약하고, 선의 시간은 짧으며, 선은 잘 드러나지 않지만, 악(惡)은 강하고, 악의 시간은 길고, 악은 잘 드러난다고 생각한다. 그러나 이런 생각은 선에 대한 특징을 잘 이해하지 못한 것이다. 선은 세 가지 특징이 있다. 첫째, 선은 악을 드러낸다. 악은 반드시 선이 있기에 드러난다. 선이 악을 드러내는 방법은 정(淨)함과 질서(秩序)다. 정함은 깨끗하고, 맑고, 사념(邪念)이 없기 때문에 그 안에 다툼이 없다. 그래서 선은 언제나 부정하고, 사념을 추구하고, 다툼을 일으키는 악을 골라낼 수 있다. 또한 선은 악에게 그들이 작용할 차례(次例)를 주지 않는다. 악인이 의인의 회중에 들어가지 못하는 것은 악인에게는 선의 차례가 없기 때문이다. 만약 우리가 어떤 상황이나 작용이 악하다고 생각된다면, 우리 안에 있는 선의 정함이 악을 골라내고, 선의 질서가 악이 차지할 차례를 주지 않기 때문이다.

둘째, 선은 악을 심판한다. 선이 악을 심판하는 것은 악을 쪼개어 악이 품고 있는 어둠과 공허, 그리고 혼돈을 몰아내는 것이다. 선은 악처럼, 누군가를 지배하거나 억압하지 않는다. 그러나 악은 스스로 자생할 수 없기 때문에, 언제나 무엇을 지배하거나 억압함으로 기생(寄生)[9]한다. 이러한 악을 심판하는 것이 선이다. 선은 옳음을 휘어감은 악의 그릇된 생각을 심판하고, 생명의 밭에 사망의 씨를 뿌린 악의 행위를 심판한다. 선은 모든 상황과 환경 속에서 악을 몰아낼 수 있다. 악은 기생하는 특성이 있기에 언뜻 보면, 그 시간이 긴 것 같지만, 실상은 한 번도 온전한 그들의 시간을 가진 적이 없다. 오히려 선의 시간은 짧은 듯해도, 긴 시간 동안 악을 몰아냄으로 옳음이 그릇됨을 이기게 하고, 생명으로 사망을 씻어버리게 했다.

셋째, 선은 악을 제거한다. 조로아스터교를 비롯한 이방 종교나 많은 토속신앙은 선과 악을 대등적 관계로 묘사함으로 드라마틱하게 악의 힘을 과하게 포장하지만, 실제로 선과 악의 관계는 대립적일 수 없다. 실체와 실체 없음이 어떻게 대립할 수 있으며, 의미와 의미 없음이 어떻게 분쟁할 수 있겠는가? 선이 악을 제거하는 방법은 그릇된 것들을 교만(驕慢)하게 만들고, 사망에 속한 것들을 오만(傲慢)하게 만들어, 하나님의 진노의 임계점에 이르게 하는 것이다.

그렇다면 선이신 하나님은 우리를 그의 세계에 어떻게 참여하게 하시는가? 다시 말해, 우리는 어떻게 하나님의 선에 참여할 수 있는가? 하나님은 그의 말씀을 경외하는 자녀들에게 두 가지 길을 내셨다. 하나

---

9) 사람이 곡괭이를 들고 있어야 하는데, 곡괭이에 올라탄 기괴한 모습.

는 지혜(智惠)의 길이고, 하나는 명철(明哲)의 길이다. 지혜의 길은 하나님의 말씀을 두려워하여 공경할 때 허락된다. 하나님을 두려워하지 않는 자는 결코 하나님의 말씀에 순종[10]할 수 없다. 하나님은 먼지 같은 우리들이 닿기만 해도, 타죽을 수 있는 용광로 같은 분이시다. 그런데 어떻게 하나님은 우리와 함께 하실 수 있는가? 그것은 시혜가 우리를 하나님께 순종하게 만들기 때문이다. 하나님의 말씀에 순종하는 것은 그 말씀의 유익을 생각하고 판단해서 하는 것이 아니라, 하나님의 존엄함이 두렵고 떨리기에, 그분 앞에 공손(恭遜)[11]하기 때문이다.

또 다른 하나는 명철(明哲)이다. 명철의 길은 자신의 언사가 비천함을 깨닫고, 악에서 떠날 때 허락된다. 많은 거짓된 행실들은 악에 머물 때 발생한다. 마음이 악에 뿌리를 내리면, 그 행실은 당연히 거짓될 수밖에 없다. 명철은 악에 뿌리내린 마음을 도끼로 잘라내는 것이다. 명철은 형용할 수 없이 크신 하나님의 생명 앞에, 자신의 인격과 소양을 낮추는 겸비(謙卑)이다. 그런데 이와 같은 지혜와 명철은 반드시 우리 안에 이타적 덕(德)이 세워질 때 가능하다.

지혜와 명철은 자기를 위한 것이 아닌, 남을 위하는 이타적 덕에서 만들어진다. 하나님을 위하는 덕, 형제를 위하는 덕, 작은 생명들을 위한 덕, 커다란 인류적 구원을 위한 덕 등, 이타적 덕이 있는 모든 곳에 하나님의 지혜와 명철이 숨겨져 있다. 바로에게 애굽의 백성을 위하는 덕이 있었다면, 모세의 입을 보고, 하나님의 높으심을 알 수 있는 지혜와 명

---

10) 그릇된 생각에 휘어 감기지 않는 공손한 생각.

11) 하나님의 행하심을 두 손을 들어 받드는 것.

철이 있었을 것이다. 가룟 유다가 형제들을 위하는 덕이 있었다면, 그는 예수 그리스도를 팔지 않았을 것이다. 우리에게 작은 무엇이든 누군가를 위하는 덕이 있다면, 우리는 하나님의 말씀에 공손할 수 있고, 겸비할 수 있다. 우리는 지혜와 명철을 통해 선에 참여하기 위해서 이타적 덕을 세움으로 술에 취함에서, 재물에 취함에서, 지식에 취함에서, 명예에 취함에서, 일에 취함에서 있어서 항상 깨어있어야 한다.

say 34

귀하다고 생각하는 돈은 안전한 은행에 맡기면서,

소중하다고 여기는 형제는 왜 안전한 하나님께 맡기지 않는가.

5. 위선으로부터 벗어나게 하는 이타적 덕

데살로니가후서 1장 12절
우리 하나님과 주 예수 그리스도의 은혜대로 우리 주 예수의 이름
이 너희 가운데서 영광을 받으시고 너희도 그 안에서 영광을 받게
하려 함이라

이타적 덕(德)은 무엇인가? 이타적 덕은 위선(僞善)[12] 하지 않는 것이
다. 이타적 덕을 세우지 않으면, 악한 생각에서 자유로울 수 없다. 악
한 생각은 악한 마음의 환경 속에서 끊임없이 생성되고 축적된다. 악
한 생각의 원천은 나를 위한 에고의 의지이다. 마태복음 23장에서 예수
님은 위선자의 특징과 징벌에 대하여 가르쳐주신다. 위선은 첫째, 말만
하고 행하지 않는다. 둘째, 사람에게 무거운 짐을 묶어 어깨에 지우게
한다. 셋째, 모든 행위를 사람에게 보이고자 한다. 그래서 그들은 화를
당한다. 그들의 위선은 정의와 긍휼과 믿음을 버리게 하고, 그들의 위
선은 천국의 문을 막고, 자기들뿐만 아니라 다른 사람들도 들어갈 수
없게 막는다. 또한 그들의 위선은 어렵게 생명을 얻은 교인을 이전보다

---

12) 위선(僞善)은 사람이 만든, 사람을 위한 선을 말한다.

더욱 악한 지옥의 자식이 되게 한다.

우리가 주목할 점은, 이러한 위선자가 하나님의 자녀들에서 나온다는 것이다. 마귀의 자녀들은 악한 의지로 만들어졌기 때문에 위선할 수도 없다. 왜 하나님의 자녀들은 서기관과 바리새인처럼 위선자가 될까? 그것은 이기적(利己的) 의지 때문이다. 하나님의 선이 작용하는 은혜와 진리는 이타적 의지로 만들어졌다. 그래서 하나님의 은혜(恩惠)[13]는 응보(應報)[14]가 적용되지 않는다. 하나님은 그를 의지하는 자들에게 자신의 요구(要求)에 응하거나, 받은 것을 갚게 하려고 그들에게 은혜를 베풀지 않는다. 하나님의 은혜는 오로지 그를 의지하는 자의 마음만 바라보시며, 방추에서 실을 풀 듯, 끝없이 베푸시는 사랑과 자비이다. 그런데 위선자는 이러한 하나님의 은혜를 자기 자신을 위하여, 형제에게 응보를 요구한다. 임금에게 만 달란트 빚진 자가 그 빚을 탕감 받았음에도, 자기에게 백 데나리온 빚진 동료에게 응보를 강요하므로 은혜를 공유하지 않고, 자기 자신을 위하여 소유하는 위선을 보라!

또한 하나님의 진리(眞理)는 인과(因果)가 적용되지 않는다. 진리는 참된 이치이다. 이 참된 이치는 정성스런[15] 마음으로 음식을 제단에 바치고, 일을 다스리는 것이다. 그래서 이유(理由)가 없다. 그런데 위선은 진리에 인과를 적용하기 때문에, 위선자는 늘 이유가 있을 때 음식을 제단 바치고 일을 다스린다. 그 이유 때문에 생기는 것이 비판(批判)이다.

---

13) 하나님을 의지하는 자에게 베푸는 끝없는 사랑.
14) 상대방이 나의 요구에 응하고, 받은 것을 갚도록 하는 것.
15) 정성(精誠)은 깨끗한 쌀과 진실한 말.

하나님을 정성스럽게 섬기는 것이 진리인데, 위선자는 하나님의 진리에 이유 들어, 하나님을 섬기는 행위를 비판한다. 예수는 하나님을 섬김에 있어, 그의 영혼을 하나님께 드릴 때, 이유를 남기지 않았다. 그러나 우리는 이유가 있기에 하나님을 공경하면서도 다른 마음을 품고, 이유가 있기에 사람의 계명으로 교훈을 만들어 형제를 비판한다. 더 나아가, 하나님이 심으신 것들 속에 이기적 의지의 씨앗을 감추고, 맹인이 되어 맹인을 인도하다 구덩이에 빠진다.[16] 그러나 이타적 덕에는 응보도 없고, 인과도 없다. 소유도 비판도 나타나지 않는다. 이타적 덕은 타인을 위함으로 나를 위하는 것이다. 내가 나를 위할 때는 하나님의 칭찬이 사라지지만, 내가 타인을 위할 때는 반드시 하나님의 칭찬이 내게 임한다.

say 35
정결이란 성전에 이기적 발자국을 남기지 않는 것이다.

---

16) 마태복음 15장 8-14절.

6. 신이라 불리는 것과 숭배 받는 모든 것에 대항하는 자

데살로니가후서 2장 7절
불법의 비밀이 이미 활동하였으나 지금은 그것을 막는 자가 있어 그 중에서 옮겨질 때까지 하리라

성경에는 두 가지 비밀이 숨겨져 있다. 하나는 복음의 비밀이고, 다른 하나는 불법의 비밀이다. 비밀은 흔하게 노출되거나 쉽게 알 수 있는 것이 아니다. 비밀은 감춰져 있기 때문에 쉽게 알 수 없는 것이지만, 그럼에도 반드시 일어나는 것이다. 성경에서 불의(不義)는 의롭지 않은 것을 뜻한다. 그렇다면 '의롭다'는 것은 무엇인가? 의로움은 진리(眞理)이다. 진리는 참되게 다스리는 것이다. 예수는 성령의 예언으로 세상에 오셨고, 성령의 증언으로 다시 아버지에게 가셨기에, 오직 예수만이 참되게 다스리는 두 가지가 있다. 그 진리를 가리는 것이 불의이다. 다시 말해, 불의는 예수의 오고 가심을 부정하는 것이다.

불의는 첫째, 육체[17]가 죽는 것을 영혼의 끝으로 생각하여 만든 유

---
17) 몸의 생각과 행동으로 만든 모든 것.

형과 무형의 모든 것이다. 육체가 죽는 것을 영혼의 끝이라고 생각한다면, 그곳에서 하나님께 드려지는 나(我)는 없다. 죽음으로 나란 존재는 사라지는데, 무엇을 하나님께 드릴 수 있겠는가? 이것은 죽기 전에 삶에도 동일하게 적용된다. 육체가 죽는 것이 영혼의 끝이라고 여기는데, 현세에 무엇을 하나님께 드릴 수 있겠는가? 그래서 현세 지향적 종교나 부활을 믿지 않는 자들의 모습에서 자신(自身)들의 몸을 세우거나, 자기(自己)들의 이름을 남기기 위해 형체[18]의 삶을 소유하는 모습을 발견할 수 있다. 이러한 경향은 심지어 타인의 영혼까지도 사유화하려 한다.

진리를 거스르는 불의는 둘째, 영혼이 죽지 않고, 지속적으로 사망의 법[19]을 따라 윤회한다는 생각으로 만든 유형과 무형의 모든 것이다. 내세 지향적인 종교나 무속신앙에서 인간은 죽은 뒤, 사망의 세계로 돌아가, 영혼이 인과응보의 업에 따라, 몸의 형태를 바꾸어, 내세(來世)의 생을 산다고 말한다. 이러한 내세 지향적인 종교나 거짓된 부활은 영혼들을 우주의 질서를 수호하는 중요한 것으로 위장할 뿐 아니라, 생명의 원천적 힘을 소유한 자들처럼 우상화한다. 그들은 영혼을 현세의 삶에 화복(禍福)의 영향을 미칠 수 있는 존재로 여기거나, 현세에 일어나는 모든 과오(過誤)들을 해결할 수 있는 존재로 여긴다.

사망의 아버지는 대항하는 자이며, 자신을 높이는 자이다. 그는 신이라고 불리는 것들과 숭배받는 모든 것 위에 자신을 높여 세운다. 그리고 때가 이르면, 하나님의 성전에서 자신이 하나님이라 선포한다. 신

---

18) 형식이나 법, 혹은 제도.
19) 인과응보의 업(業)에 따른 내생(來生).

이라 불리는 것들과 숭배받는 모든 것은 불의의 자녀들로부터 요청받아 만들어진 것이다. 불의의 자녀들은 육체의 죽음과 영혼의 불멸을 이용하여, 땅 아래 것들을 불러내어 길흉을 점치고, 땅 위에 숭배받는 것들을 세우며, 하늘에서 쫓겨난 것들의 기적을 가증스럽게 숭배한다.

그러나 예수 그리스도의 두 번의 강림은 육체의 몸이 죽는 것이 생명의 끝이 아니라는 것과 영혼이 불멸하는 존재가 아니라는 것을 가르쳐 준다. 예수 그리스도는 첫 번째 강림(초림)으로 신이라고 불리는 것들이 신이 아닌, 마귀의 자녀이며, 사탄의 종임을 밝히셨다. 육체의 몸은 죽으면 부패한다. 또한 육체의 몸이 죽으면, 마음도 사라진다. 마음은 내면의 세계에 있는 인과응보의 업을 행하는 의지의 몸[20]이다. 그런데 육체의 몸이 죽어 없어지면, 의지가 만든 마음도 사라지는데, 어떻게 업에 의한 내세의 윤회가 이루어질 수 있겠는가?

또한 예수 그리스도는 두 번째 강림(재림)으로 숭배받는 모든 것 위에 자신을 높이는 자가 하나님이 아닌, 오히려 심판받는 사망과 음부임을 밝히신다. 첫 번째 죽음으로 모든 것이 사라지는 것은 아니다. 오히려 첫 번째 죽음으로 드러나는 것이 있다. 예수 그리스도를 영접한 자들은 예수 그리스도로 말미암아 양자의 영과 예수 그리스도의 의지로 거듭난 속사람이 나타난다. 이 속사람은 겉사람이 죽어야 비로소 드러난다. 그러나 예수 그리스도를 영접하지 않는 자는 사탄의 영이 그들의 아버지이기 때문에 사탄의 영을 숭배하고, 마귀의 의지로 몸을 사용했

---

20) 일반적으로 인간의 구성을 영　혼　육으로 여기지만, 나는 영과 영의 몸, 의지와 의지의 몸(마음), 생각과 생각의 몸으로 구분한다.

기에 사망의 몸이 드러난다. 예수 그리스도의 두 번째 강림은 그를 대항하는 땅에 속한 모든 사탄과 마귀의 자녀들을 멸하시고, 사망과 음부에 속한 모든 사탄의 자녀들을 사망의 몸으로 부활시켜, 불못에 던져 심판받게 한다.

say 36

불법의 비밀은 몸의 죽음이 끝이라고 생각하는 것과

영혼에게 죽음이 없다고 생각하는 모든 것에게 임하는 심판이다.

7. 예수께서 오시고 가시는 구원의 여정

데살로니가후서 3장 6-7절

형제들아 우리 주 예수 그리스도의 이름으로 너희를 명하노니 게
으르게 행하고 우리에게서 받은 전통대로 행하지 아니하는 모든
형제에게서 떠나라 어떻게 우리를 본받아야 할지를 너희가 스스로
아나니 우리가 너희 가운데서 무질서하게 행하지 아니하며

기독교가 다른 종교와 구별되는 가장 큰 특징은 구원에 계층적 구조
가 없다는 것이다. 이 특징은 기독교의 구원은 특별한 계층에 의해 대행
되거나 한정되어 있지 않다는 것을 의미한다. 또한 기독교의 구원은 특
별한 장소에서 비밀스럽게 거행되는, 신비주의적 의식이 없을 뿐만 아니
라, 구원이 실행되는 특정한 장소가 현세에 지정되지 않는다. 이와 같
은 구원의 특징은 예수 그리스도께서 인류에게 하신 두 가지 행위에 의
해서 결정되었다.

첫째는 예수 그리스도께서 하나님의 나라에서 오셨다는 행위(行爲)[21]
이다. 행위는 생각으로 이루어지는 것도 있지만, 의지로 이루어지는 것

---

21) 행동은 목적을 이루는 과정이지만, 행위는 목적을 성취한 결과이다.

도 있고, 영의 몸으로 이루어지는 것도 있다. 그래서 모든 행위가 가시적인 것은 아니다. 가시적(可視的)으로 예수를 요셉과 마리아의 아들로 여기는 자들은 그가 하나님의 나라에서 오셨다는 행위를 이해하지 못한다. 그러나 예수가 하나님의 아들로서, 태초부터 하나님과 함께 하신 불가시적인 행위의 비밀을 아는 자들은 예수 그리스도가 하나님의 나라에서 오셨다는 행위가 그들의 구원에 있어서 얼마나 위대한 근거가 되는지 잘 안다. 두 번째 행위는 예수 그리스도께서 하나님의 나라로 가셨다는 행위이다. 죽은 자 가운데서 부활한 예수 그리스도를 믿지 않는 자들은 이 행위를 받아들일 수 없을 것이다. 그러나 사망과 음부의 권세를 이기고, 부활 승천하신 비밀을 아는 자들은 예수 그리스도가 하나님의 나라로 가셨다는 행위가 그들의 구원에 있어서 얼마나 위대한 근거가 되는지 알고 있다.

예수 그리스도가 요셉과 마리아의 아들이 아닌, 하나님의 독생자로 하나님의 나라에서 오셨다는 것은 그가 이 땅의 사람들은 알지 못하거나, 혹은 갖고 있지 않는 무언가를 가지고 있다는 것을 의미한다. 예수께서는 그것을 '아버지가 아들에게 주신 것'으로 표현한다. 예수 그리스도는 하나님의 나라에서 오셨기 때문에 그가 가진 특별한 것이 있다. 아버지의 본(本)이다. 우리는 혈통적인 본을 가지고 있다, 그 본은 한국에서는 성씨로 표기된다. 혈통적 본을 표기한 성씨는 세 가지 의미를 담고 있다. 첫째는 최초로 시작된 오리지널 이름을 나타낸다, 둘째는 그 이름의 영역인 지방이나 지역을 나타낸다. 셋째는 그 이름의 영광이 나타나는 특별한 지위를 나타내는 권세이다.

하나님의 나라에서 오신 예수 그리스도는 하나님의 본을 가지고 계셨다. 그는 자기의 이름이 아닌, 하나님의 거룩한 그리스도의 이름을 가지고 있었고, 하나님의 공의와 정의가 영향을 미치는 하나님의 나라를 가지고 있었다. 또한 하늘 위와 땅과 땅 아래를 다스리는 하나님의 권세를 가지고 있었다. 예수께서 죄인들을 부르시고, 그들에게 다가가셔서 죄를 사하여 주고, 병을 낫게 하고, 심령을 치유하고, 하나님 나라를 전할 수 있었던 것은, 그가 가지고 있는 하나님의 본이 있었기에 가능하다. 더욱이 예수 그리스도는 하나님의 본을 죄인들에게 주셨다. 죄인들은 하나님의 거룩한 그리스도의 이름에 감사하며, 하나님의 의로운 보좌를 보고, 죄의 길에서 떠난다. 또한 하나님의 권세는 그들이 얽매인 모든 악을 물리치신다.

예수 그리스도는 하나님의 나라로 가실 때, 의인들의 섬김을 받으신다. 죄인들은 예수 그리스도를 통해 하나님의 본을 받아, 의의 자녀가 된다. 예수 그리스도를 통해 하나님의 본을 받은 죄인들은 더 이상 죄인이 아니다. 그들은 이제 예수 그리스도를 따르는 자들로 그들이 받은 본을 예수 그리스도처럼 죄인들에게 전하는 의인들이다. 예수 그리스도가 성령으로 죄인들을 섬겼듯, 예수 그리스도의 제자들도 성령으로 죄인들을 섬긴다. 그리고 그들 또한 예수 그리스도가 가신 하나님의 보좌로 간다.

say 37

하나님은 나의 아버지이다. 또한 내 형제의 아버지도 하나님이시다.

7장
예수 그리스도의 산 제사

선은 선을 만날 때, 매듭이 지어지고, 악은 악을 만날 때, 매듭이 지어진다.
이는 선과 악이 만나면, 매듭이 풀리고, 생(生)과 멸(滅)이 지속적으로 순환하
는 시간이 발생하기 때문이다. 그러나 심판이 이르면, 어둠은 더 이상 과거나
현재, 미래의 어느 틈에 숨지 못한다.

1. 경건과 삼가를 통한 육체의 가치중립

디모데후서 1장 3-4절
내가 밤낮 간구하는 가운데 쉬지 않고 너를 생각하여 청결한 양심
으로 조상적부터 섬겨 오는 하나님께 감사하고, 네 눈물을 생각하
여 너 보기를 원함은 내 기쁨이 가득하게 하려 함이니

　기독교를 대표하는 인물 용어에는 예수님, 성령님, 하나님을 들 수
있고, 가치 용어에는 사랑, 평화, 은혜를 들 수 있다. 이와 함께 상황 용
어에는 타락, 환란, 심판이 있다. 구속사의 관점에서 인물 용어는 주체
를 나타내고, 가치 용어는 방법을 나타내며, 상황 용어는 그 배경을 설
명한다. 어느 누가 자신에게 임박한 환란을 기뻐할 자가 있겠는가? 어
느 누가 이 세상을 떠난 후, 다시금 시작되는 삶 앞에, 심판이 기다리고
있는 것을 두려워하지 않겠는가? 그러나 예수 그리스도의 도(道)는 죄
가운데 타락한 삶을 직시하게 할 뿐만 아니라, 긴박하게 도래할 환란
과 이미 예정된 심판을 수용하게 한다. 따라서 기독교인들에게 있어서
타락과 환란, 그리고 심판은 피해야 하는 선택의 시간이 아닌, 받아들
여야 하는 사명의 시간이다.

경건(敬虔)은 하나님을 공경하는 마음[1]과 하나님 앞에 겸손한 육체의 삼가를 말한다. 마음이 하나님을 공경하는 것은 하나님의 마음을 두 손을 들어, 본받는 것이다. 이를 통해, 하나님과 같은 마음을 갖게 된다. 환란을 이길 수 있는 경건의 교훈으로 첫째, 청결한 마음이 있다. 청결한 마음이란 마음에 어떠한 이기적 의지가 작용되지 않는다. 이기적 의지가 작용하는 마음은 가치중립이 불가능하다. 청결한 마음은 자신이 하고자 하는 것을 멈추는 바로, 그 순간 그리스도의 비전[2]에 눈을 뜬다. 그리스도의 비전은 하나님의 나라를 볼 수 있을 뿐만 아니라, 감춰진 형제들의 마음까지도 볼 수 있다. 우리는 얼마나 오랫동안 그리스도의 비전을 잃고, 이기적 의지가 작용하는 기만된 눈으로 살았는가?

환란을 이길 수 있는 경건의 교훈은 둘째, 육체의 삼가이다. 육체는 생각과 행동으로 작용된다. 이 작용은 경험을 만들고, 경험은 다시 생각과 행동의 근거가 된다. 육체는 쉬지 않고 죽을 때까지 이 작업(作業)을 반복한다. 결국 생각이 멈추면 행동도 멈추고, 행동이 기력을 다할 때, 생각은 사라진다. 그런데 왜 육체는 이렇게 쉬지 않고 경험적 작업을 하는 것일까? 그것은 생각과 행동이 만들어 낸 유익과 기호(嗜好)를 통해 두려운 세상에서 안정을 찾을 수 있기 때문이다. 그러나 이러한 생각과 행동의 작업으로 만들어진 유익과 기호는 거짓된 믿음을 만드는 부작용을 낳는다. 생각과 행동의 작업은 자연적 눈으로 세상을 보

---

1) 이기적 의지가 만든 마음은 하나님을 공경할 수 없다.
2) 하나님의 지혜와 지식인 예지(叡智).

게 하지 않고, 유익과 기호의 눈으로 세상을 보게 한다.

경건을 통한 육체의 삼가는 거짓된 믿음을 만드는 생각과 행동을 멈추게 할 뿐만 아니라, 이미 만들어진 경험적 작품(作品)도 제거한다. 육체가 자신이 하고자 하는 생각과 행동을 멈추는 시간에, 성령의 음성은 모든 감각을 새로운 다른 기능으로 사용하신다. 이 시간 모든 감각이 일제히 놀라, 잠시 당황함을 멈추지 못하겠지만, 육체는 비로소 자연의 일부이며, 성령의 음성[3]을 들을 수 있는 가치중립(價値中立)[4]의 상태에 이른다. 가치중립은 우리의 귀가 성령의 음성을 듣게 하고, 우리의 눈이 성령의 빛을 보게 한다. 또한 우리의 몸은 성령의 영광에 참여할 수 있다.

say 38

꽃처럼 성령님을 맞이하자.

가장 아름다운 믿음과 가장 소중한 진심을 그분에게 드리자.

그분이 아들을 섬기는 것이 아버지를 섬기는 것임을 가르쳐주실 것이다.

---

3) 성령의 음성은 듣는 것이 아닌, 말씀이 이루어지는 장면을 보는 것이다.
4) 의지가 추구하는 유익이나 기호를 따르지 않는 몸의 상태.

2. 예수 그리스도가 세운 성전에서
하나님 아버지와 생활하다

디모데후서 2장 11-13절

미쁘다 이 말이여 우리가 주와 함께 죽었으면 또한 함께 살 것이요

참으면 또한 함께 왕 노릇 할 것이요 우리가 주를 부인하면 주도

우리를 부인하실 것이라

우리는 미쁨이 없을지라도 주는 항상 미쁘시니 자기를 부인하실

수 없으시리라

인간의 마음은 부모로부터 만들어진 공동체의 마음과 부모로부터 분리됨으로 만들어진 이기적 마음이 있다. 의·식·주의 생활은 독립된 인간이 스스로의 생명을 유지하기 위한, 기초적인 생활의 형태이다. 그러나 이 기초적인 생활 형태에서 우리는 이기적인 의지를 제거하고, 공동체적 의지를 작동하는 비밀을 찾을 수 있다. 옷을 입는 것은 자기의 몸을 보호하고, 자신의 개성을 드러내며, 자신의 사회적 지위를 나타내려는 목적을 가지고 있다. 또한 타인에 대한 보호와 타인과 동일한 의지를 갖게 하는 중요한 수단이 되기도 한다. 이것은 옷이 부여하는 어떤 특별한 의미가 이기적 의지를 제약(制約)할 수 있기 때문이다.

같은 옷을 입었다는 것은 같은 몸과 같은 가치의 생명을 공유하는

것이다. 먹는 것도 이와 같다. 음식을 먹는 것은 인간이 생명을 유지하는 이기적 행위이다. 그러나 이 행위가 공유될 때, 아이러니하게도 이기적 의지를 멈추게 하는 절묘한 시간들이 발생한다. 먹을 때는 개도 안 건드린다는 속담이 있다. 식구는 같은 집에서 살며 끼니를 함께 하는 사람들을 말한다. 음식을 같이 먹는 것은 치열한 적대적(敵對的) 상황 속에서도 평화의 시간을 허락한다. 함께 사는 것은 외부적 공격으로부터 몸을 보호하고, 불확실한 미래를 준비하는 이기적 의지가 작용하지만, 이와 더불어 독립된 개체들이 생명의 안전을 공유하는 유일한 비방어적 공간을 제공한다.

교회는 동일한 구원의 가치를 추구하는 부름 받은 시민들의 모임과 이들이 하나님 아버지와 함께 의·식·주의 생활을 하는 성전으로서 역할을 한다. 예수 그리스도가 이 땅에 오신 특별한 이유는 그의 몸과 보혈의 언약을 통해 성전을 세우기 위해서이다. 우리는 예수 그리스도의 몸과 보혈의 언약인 성전을 통해서 하나님과 의·식·주 생활을 할 수 있다. 따라서 교회에 모인 성도들은 각자의 의·식·주의 생활을 하는 것이 아니라, 하나님 아버지와 함께 의·식·주 생활을 해야 한다.

성전(聖殿)의 정결(淨潔)은 크게 두 가지로, 영의 몸으로 하나님 아버지를 섬기는 거룩함이다. 거룩함은 유일하신 하나님 아버지 한 분만 섬기는 것이다. 사실상 구약의 이스라엘 백성을 살펴볼 때, 이들이 온전히 하나님 한 분만을 섬기는 때는 그리 길지 않았다. 이들은 겉으로는 유일하신 하나님을 섬긴다고 했지만, 번번이 그분의 언약과 율법을 어기고, 혼합적으로 이방신들을 섬겼다. 예수 그리스도께서 보여주신 성전의 정결은 오직 하나님 아버지 한 분만 섬기는 아들의 '배타적 아버지 섬김'[5]이다. 예수 그리스도는 왜 그의 몸을 우리에게 나누어주셨는가? 그것은 아버지의 영과 아들의 영이 만날 때, 활동하는 영의 몸이 유일하게 성전에서 다른 것들을 섬기지 않고, 오직 하나님 한 분만을 섬길 수 있게 하기 때문이다.

성전의 정결은 또한 하나님 아버지와 생활하는 마음과 육체의 몸의 경건함에 있다. 우리는 앞서 경건함이 마음의 청결과 육체의 몸의 삼가에서 비롯됨을 깨달았다. 성전은 우리의 이기적인 의지로 만들어진 마음이 유일하게 참회의 회개를 통해, 청결할 수 있는 곳이다. 예수 그리스도의 몸인 성전은 예수 그리스도의 의지로 만들어진 곳이다. 성전 이외의 가정이나 직장, 혹은 기업에서 섬김과 나눔을 베풀어도 공격과 상처를 피할 수 없다. 그러나 성전은 예수 그리스도의 의지가 작용하는 마음과 몸이기 때문에, 오히려 성전에서는 공격하는 마음이 회개하고, 상처받은 마음이 위로받는다.

또한 성전은 육체의 몸이 삼가를 통하여, 거짓된 믿음을 떠나 참된 믿음을 세울 수 있는 곳이다. 대부분의 믿음은 믿음의 대상이 자신 외의 다른 존재이기에, 관찰과 파악, 그리고 판단과 수용의 경험적 과정을 거쳐 만들어진다. 눈이 무엇을 보고, 귀가 무엇을 듣는가에 따라 믿음은 달라질 수 있다. 육체의 몸을 통한 믿음은 모든 것을 보고, 모든 것을 들을 수 없는 귀납적 오류 때문에 거짓된 믿음을 만들지만, 성전에서는 육체의 몸이 삼가할 수 있기에, 이러한 작용을 멈추게 할 수 있

---

5) 배타적 유일신 섬김.

다. 그리고 그 몸을 예수 그리스도의 의지가 작용하는 마음으로 사용할 수 있다. 이것이 신앙적 체험(信仰的 體驗)이다.

몸은 내 육체인데, 그것의 사용하는 주체는 내 생각과 마음이 아닌, 내가 숭배하고 찬양하는 예수 그리스도의 마음과 생각이다. 성령은 예수 그리스도의 마음과 생각을 지각하신다. 그래서 성전에서 우리의 몸은 성령의 지각으로 예수 그리스도를 만날 수 있다. 성령은 보좌에 앉아계신 예수 그리스도를 지각할 수 있게 하시고, 사망과 생명을 다스리는 예수 그리스도를 지각할 수 있게 하신다. 성전에서 우리의 몸은 죄 있는 몸이 아닌, 태초부터 부르심을 받은 사명자의 몸으로 예수 그리스도 안에 있는 '참된 나'를 지각할 수 있다. 그래서 우리는 성전에서 마음으로 신앙 체험을 하는 것이 아닌, 성령이 직접 사용하시는 몸의 지각으로 신앙 체험을 할 수 있다.

say 39

경건은 육체적 수련을 통한 행위의 절제가 아니다.

경건은 아들의 영이 아버지의 영과 의식주를 함께 하는 것이다.

3. 시간을 매듭지고, 공간을 찢어 드러냄

디모데후서 3장 1-5절

너는 이것을 알라 말세에 고통하는 때가 이르러, 사람들이 자기를 사랑하며 돈을 사랑하며 자랑하며 교만하며 비방하며 부모를 거역하며 감사하지 아니하며 거룩하지 아니하며, 무정하며 원통함을 풀지 아니하며 모함하며 절제하지 못하며 사나우며 선한 것을 좋아하지 아니하며, 배신하며 조급하며 자만하며 쾌락을 사랑하기를 하나님 사랑하는 것보다 더하며, 경건의 모양은 있으나 경건의 능력은 부인하니 이같은 자들에게서 네가 돌아서라

하나님의 구속사(救贖史)에 우리의 역할은 없다. 우리의 어떠한 행위가 하나님의 경륜(經綸)에 영향을 미칠 수 있단 말인가! 우리는 예수 그리스도의 십자가와 부활로 이루신, 하나님의 자기희생의 의(義)가 오직 우리를 위한 구속사였음에 감격하지 않을 수 없다. 성경은 우리를 위한 하나님의 구속사를 수장(收藏)[6] 한 기록이다.

말세에 불경건함이 성행할 때, 믿음의 자녀들은 경건한 생활을 통하여, 성경을 바르게 알아야 한다. 성경을 바르게 알아서 경건한 생활을 하는 것이 아닌, 경건한 의지와 몸만이 성경을 바르게 알 수 있다. 공관

---

6) 성경은 시간의 연쇄에 따른 서사 기록이 아닌, 인과관계에 따른 플롯 기록이다.

복음과 요한복음 사이에서 복음을 이해하는 제자들의 상이한 태도(態度)를 발견할 수 있다. 공관복음에 기록된 제자들은 예수님이 전하시는 복음에 대하여 언제나 오해하지만, 요한복음에 기록된 제자들은 예수님이 전하시는 복음에 대하여 잘 깨닫는다.

동일한 제자들이 보인, 전혀 다른 의지와 태도를 그저 복음서 저자가 보인 개별적 스타일이나 복음서의 목적의 차이로 봐야 하는가? 아니다. 예수 그리스도의 십자가와 부활은 초대 기독교인들에게 일어난 역사적 사건(事件)[7]일 뿐만 아니라, 여전히 구원받은 자들에게 일어나는 신앙적(信仰的) 사건[8]이다. 예수 그리스도의 십자가와 부활이 구속사에 끼친 영향의 첫 번째는 종말(終末)에 이를 하나님의 심판을 알게 한다. 사후세계에 대한 이해는 하나님을 섬기는 유대인들 사이에도 여러 가지로 해석되었다.[9]

대부분의 사람들은 종말을 시간적 지점에서 그 의미를 찾지만, 실상, 종말은 대상에 가해지는 엄청난 힘에 주목해야 한다. 하루살이가 하루 살고 죽는 것은 시간적 지점에서 의미를 찾아야 하지만, 하루살이가 열흘을 산다면, 우리는 하루살이에게 가해진 특별한 힘에 주목하지 않을 수 없다. 시간(時間)은 과거와 현재, 미래로 무한히 연속되는 것을 의미한다. 그래서 시간을 끝낼 수 있는 방법을 시간 안에서 찾을 수 없다. 그러나 종말은 이러한 시간을 끝낸다. 종말은 끝이 없는 선(線)으로 구

---

7) 일상적으로 일어나는 일이 아닌, 일상적인 일과 나누어지는 일.
8) 믿고 추앙하는 사건.
9) 바리새인들은 부활을 믿었지만 사두개인들은 부활을 믿지 않았다.

성된 과거, 현재, 미래의 시간을 매듭짓는 것이다. 따라서 심판은 선과 악을 매듭짓는 시간이다.

　선은 선을 만날 때 매듭이 지어지고, 악은 악을 만날 때 매듭이 지어진다. 이는 선과 악이 만나면 매듭이 풀리고, 생(生)과 멸(滅)이 지속적으로 순환하는 시간이 발생하기 때문이다. 그러나 심판에 이르면, 어둠은 더 이상 과거나 현재, 미래의 어느 틈에 숨지 못한다. 그리고 이내 악과 악이 만나, 불못에 이르게 된다. 시간의 매듭은 시간을 정지시키는 것이 아닌, 현재의 시간을 지속시켜 영원에 이르게 한다. 악이 악의 매듭에 갇혀, 악의 본성을 소멸하며, 영원히 타는 불못을 생각해 보라!

　예수 그리스도의 십자가와 부활이 구속사에 끼친 두 번째는 하나님의 자기희생의 의(義)가 땅 아래와 땅 위, 그리고 하늘 위와 하늘 아래의 모든 세계에 나타났다는 것이다. 공간(호間)은 물질이나 물체가 존재할 수 있거나, 어떤 일이 일어날 수 있는 자리이다. 공간으로 인해 부재(不在)[10]가 발생한다. 선한 것과 악한 것은 한 곳에서 나올 수도 없고, 한 곳에 모일 수도 없다. 공간 때문에 땅 위와 아래는 가리고, 하늘 위와 아래는 가리게 된다. 예수 그리스도의 십자가와 부활은 땅 위와 땅 아래를 가린 모든 무덤을 열리게 한다. 또한 하늘 위와 하늘 아래를 가린 휘장을 찢는다. 이를 통해 악의 자리가 되었던 모든 공간은 뒤집어진다.

---

10) 존재하지만, 어떤 곳에 있지 아니함. 자리에 있지 않음.

say 40

행동을 보면 생각을 알 수 있다.

의지를 보면 마음을 찾을 수 있다.

영의 몸을 보면 영의 아버지가 밝혀진다.

4. 그리스도 예수가 드리는 속죄제와 화목제

디모데후서 4장 6절
- - - - - - - - - - - - - - -
나는 이제 제물로 바쳐질 준비가 되있고, 니의 떠날 시간이 가까웠
- - - - - - - - - - - - - - -
다
- - -

　예수 그리스도는 그의 십자가와 부활을 믿는 자들에게 하나님의 자
녀가 되는 권세(權勢)를 주셨다. 그 권세는 사망을 이길 수 있는 십자가
의 권세와 보좌에 앉을 수 있는 부활의 권세이다. 이로 인해 하나님의
자녀가 된 자들에게는 하나님의 거처(居處)가 허락된다. 성전은 하나님
의 권세가 머물 수 있는 성결한 거처이다. 하나님은 성전에서 그를 찾
는 자들을 만나시고, 그가 찾을 자들을 기다리신다. 오늘날 교회는 하
나님의 집인 성전의 역할과 예수 그리스도를 따르는 공동체의 역할을
한다. 하나님은 무소불위(無所不爲)하시기에, 성전에만 계시지 않으신
다. 그러나 하나님의 영이 아들의 영과 만나 안식(安息)하는 곳은 오직
성전뿐이다.
　산 제사는 십자가와 보좌의 권세로 드려지는 예배이다. 산 제사는
영의 몸이 살아있는 예배를 말한다. 지체(肢體)들이 만나 거처하는 곳은

육체의 몸이고, 의지들이 만나 거처하는 곳은 마음이다. 아버지의 영과 아들의 영이 만나 거처하는 곳은 제단이다. 예수 그리스도는 '사망의 권세'를 이겼기에 사망이 틈타지 않는, 참된 의지를 제단에 드릴 수 있다. 또한 예수 그리스도는 '보좌의 권세'를 받았기에 아버지의 신령한 의지를 받을 수 있다. 구약의 제단은 왜 타락했는가? 죄 때문에 제물을 죽이지 않고는 사망의 응보를 피할 수 없기 때문이다. 그런데 그 죽은 제물을 탐한 제사장으로 인해, 사망을 이기는 보좌의 신령함을 잃게 되었다. 신령함이 없는 권세로 어떻게 사망의 응보를 피할 수 있겠는가?

산 제사는 생활 예배가 아니다. 또한 삶을 드리는 예배도 아니다. 산 제사는 죄 없는 예수 그리스도가 그의 몸을 하나님께 드리는 예배[11]이다. 예수 그리스도는 산 제사를 드림으로 보좌의 권세로 사망의 모든 응보를 사하셨다. 이로 인해 예수 그리스도의 이름으로 예배를 드리는 자들은 보좌의 권세가 역사하는 신령한 예배[12]를 드릴 수 있다. 예수 그리스도가 드린 신령한 예배에 속죄제와 화목제가 있다.

속죄제는 제물을 드리는 자가 제사장 앞에서, 제물에 손을 얹어 안수하고, 그 제물을 죽여 피를 빼고, 가죽을 벗기고, 뼈를 살에서 분리하여, 제단에 태운다. 예수 그리스도가 드린 속죄제의 제물은 바로 자신이다. 그러므로 예수 그리스도의 이름으로 드려지는 예배의 제물은 우리가 아니라, 예수 그리스도이다. 우리가 예수 그리스도의 이름으로 교회에서 예배를 드릴 때, 우리는 먼저, 예수 그리스도를 부인했던 죄를

---

11) 사망의 권세가 작용하는 오욕이 없는 예배.
12) 보좌의 신령한 언약을 받는 예배.

고백해야 한다. 그리고 못 박히고, 창에 찔려 십자가에 달린, 예수 그리스도의 몸을 보아야 한다. 또한 주홍 같은 핏줄기가 예수 그리스도의 온몸에서 빠져나갈 때까지 기다려야 한다. 마지막으로 예수 그리스도가 의탁하신 영혼을 받으시는 하나님의 임재를 보아야 한다. 예수 그리스도의 이름으로 드리는 예배는 세상의 모든 유희와 편익, 관심과 기대로부터 버림받은 예수 그리스도와 함께 하는 시간이다.

화목제는 제물을 드리는 자가 제사장 앞에서, 제물에 손을 얹고 안수한다. 그리고 제물을 죽이고, 그 피와 내장은 하나님께 드린 후, 고기는 제사장과 회중과 함께 나누어 먹는다. 화목제를 통해 나누어 먹는 제사 드린 고기는 하나님이 기쁘게 받으시고, 나누어주신 고기이다. 예수 그리스도가 드린 화목제의 제물은 바로 자신이다. 하나님과의 화목은 하나님이 주신, 하늘의 신령한 것들을 받는 것이다. 새 하늘과 새 땅에서 하늘의 신령한 것들을 주려고, 예수 그리스도가 화목제를 드린 것이 아니다. 의가 없는 세상에서 의로운 양식들을 먹기 위해, 예수 그리스도는 화목제를 드렸다.

내 안에 예수 그리스도의 몸이 살아 있으면, 성령의 은사를 받을 수 있다. 즉 성령이 살아서, 우리의 육체를 사용하신다. 성령이 우리의 육체를 사용하실 때, 어떠한 일이 일어나는지 상상해 보라! 만물의 모퉁이와 사람들의 옷자락, 시간과 공간의 귀퉁이를 감싸고 있는 하나님의 음성을 볼 수 있을 것이다.

에고가 자기 자신을 위해서 만든 마음에서 예수 그리스도를 만나는 것

은 그를 다시 십자가에 못 박는 것이다. 참 잔인하다.

8장
십자가와 부활의 교훈

아버지의 모든 것을 믿는 아들의 믿음은 '분리된 세계'에서 발생하는 모든 두려움을 이길 수 있다. 또한 아들의 모든 것을 믿는 아버지의 믿음은 '하나 된 세계'에서 발생하는 그의 위대한 능력을 아들에게 줄 수 있다. 이것이 십자가와 부활의 교훈이다.

1. 전도로 밝혀지는 하나님의 택함 받은 자들의 믿음

디도서 1장 1-2절

하나님의 종이요 예수 그리스도의 사도인 나 바울이 사도 된 것은 하나님이 택하신 자들의 믿음과 경건함에 속한 진리의 지식과 영생의 소망을 위함이라 이 영생은 거짓이 없으신 하나님이 영원 전부터 약속하신 것인데

심판은 행위에서 비롯되고, 구원은 믿음에서 비롯된다. 행위는 심판에 이르게 하지만, 믿음은 구원에 이르게 한다. 왜 행위는 심판에 이르게 하는가? 또 왜 믿음은 구원에 이르게 하는가? 행위는 의지와 사고 작용으로 발생한다. 인간의 모든 행위는 마음을 이루는 의지나 경험에 대한 사고 작용(思考作用)에 의해서 만들어진다. 마음을 이루는 의지는 인과성(因果性)이 있다. 의지는 선한 의지와 악한 의지가 있는데, 선한 의지는 선한 행위를 하고, 악한 의지는 악한 행위를 하게 한다. 선한 의지가 악한 행위를 하게 할 수 없고, 악한 의지가 선한 행위를 하게 할 수 없다.

경험에 대한 사고 작용은 응보성이 있다. 사고는 이익(利益)과 기호(嗜好)에 따라 작용하거나 반작용한다. 사고는 이익에 따라 필요한 것에는 작용하고, 불필요한 것에는 반작용한다. 사고는 기호에 따라 좋아하는 것에는 작용하고, 싫어하는 것에는 반작용한다. 그러므로 행위는 의지의 인과성과 사고의 응보성에 영향을 받아, 옳고 그름을 판단받는다.

이와 달리, 믿음은 두 가지 특성이 있다. 하나는 선재(先在)이다. 믿음은 행위보다 먼저 존재한다. 따라서 믿음은 행위에서 발생하는 의지의 인과성과 사고의 응보성에 영향을 받지 않는다. 이것 때문에 믿음은 옳고, 그름의 판단에서 자유하다.[1] 어떻게 믿음이 의지의 인과성과 사고의 응보성에 영향을 받지 않고, 행위를 앞설 수 있는가? 참된 믿음은 아버지의 모든 것을 온전히 믿는 아들의 선재이기 때문이다. 아들의 의지는 에고가 생성되기 이전부터 아버지로부터 상속된 의지이다. 아들의 의지에는 이기적인 의지가 작용하지 않기에, 처음부터 마지막까지 아버지와 하나이다. 아들은 아버지의 의지를 앎으로 자신의 참된 의지를 알 수 있다. 선재는 아버지 안에 감춰진 아들의 시간[2]이다.

다른 하나는 예정(豫定)이다. 믿음은 사고에 의한 작용과 반작용의 행위에 영향을 받지 않는다. 아들의 기호나 이익은 아버지의 예정된 행위를 변경할 수 없다. 아들을 믿는 아버지의 믿음은 예정을 방해하는 아들에게 일어나는 모든 역학적 방해 요소들을 차단한다. 참된 믿음은

---

1) 이단이나 무속에서 맹신(盲信)이 발생하는 이유.
2) 아들의 의지가 아버지의 창조 안에 안식함.

아버지의 의지를 아들 안에서 작용하게 한다. 아들은 아버지가 이루시는 예정된 행위에 따라, 한 치의 오차 없이 인도된다. 예수 그리스도는 자신의 의지를 내려놓고, 모든 상황과 사건 속에서 아버지의 의지를 따랐다.

우리가 조심할 것은 거짓된 믿음이다. 거짓된 믿음은 가짜 믿음이기 때문에, 선재와 예정이 작용하지 않는다. 거짓된 믿음은 행위의 조건(條件)으로 의지(意志)를 작동하거나, 행위의 결과로 사고(思考)[3]를 작용한다. 예배를 드리거나, 공동체의 연합에 있어서 이유를 찾는 것은 믿음의 선재를 깨닫지 못하기에, 예배 안에서 자기의 의지를 작동시키는 것이다. 또한 행위의 결과를 사고하기에 기복(祈福)적인 예배를 추구한다.

우리는 구제와 복음의 전도(傳道)를 통하여 선재와 예정 안에 있는 참된 믿음을 확인할 수 있다. 구제(救濟)는 어려움이나 위험에 빠진 사람을 구할 때, '자신을 위한' 의지가 작용하지 않는 행위다. 돕고자 하는 내 의지가 작용하는 행위는 구제가 아니다. 내 의지를 멈추고, 아버지의 의지가 작용하는 것이 구제다. 시급을 다투는 위급한 상황에서 아버지의 의지는 내 의지를 언제나 앞선다. 복음(福音)은 내 입술을 통해, 전해지는 하나님의 음성이다. 그래서 복음에는 자신의 사고 작용이 일어나면 안 된다. 복음은 "천국이 가까이 왔으니, 회개하라!"라는 명령이다. 아버지가 이루시는 천국 앞에 그 결과를 논하는 사고 작용에 무슨 유익이 있겠는가!

---

3) 궁리하고, 살피고, 조사하는 개념, 판단, 추리작용.

say 42

행위의 세계에서는 이유에서 결과를 기대하지만,

믿음의 세계에서는 결과에서 이유를 발견한다.

2. 하나님의 교훈이 작용하는 직분

디도서 2장 13절
복스러운 소망과 우리의 크신 하나님 구주 예수 그리스도의 영광
이 나타나심을 기다리게 하셨으니

아버지의 모든 것을 믿는 아들의 믿음은 '분리된 세계'에서 발생하는
모든 두려움을 이길 수 있다. 또한 아들의 모든 것을 믿는 아버지의 믿
음은 '하나 된 세계'에서 발생하는 그의 위대한 능력을 아들에게 줄 수
있다. 이것이 십자가와 부활의 교훈이다. 예수 그리스도의 십자가와 부
활은 단순히 역사적으로 어느 시점에 벌어진 사건으로 끝나는 것이 아
니다. 이 사건은 하나님 아버지가 그의 독생자 예수 그리스도를 통해
이루신 구속이며, 이를 믿는 모든 자들에게 영원히 지속적으로 작용하
는 교훈이다.

인간의 합리적 사고나 과학적 고찰을 통하여, 바라는 것들의 실상이
나, 보이지 않는 것들의 증거인 믿음을 이해할 수 없다. 합리적 사고와
과학적 고찰은 현재의 경험이란 시간에서 진행되지만, 믿음은 늘 경험
앞에서 선재하거나, 항상 경험 너머에 예정되어 있다. 선재의 믿음은 아

들이 자신의 지각(知覺)이 발생하기 전에 이루어진, 아버지의 모든 것을 믿는 것이다. 아들은 아버지의 모든 것을 절대적으로 신뢰한다. 그것은 아들이 가진 모든 것을 통해, 아버지가 행하신 모든 것이 증명(證明)되기 때문이다. 또한 아버지는 앞으로 아들이 행할 모든 것을 절대적으로 신뢰한다. 그래서 아버지가 가진 모든 것을 통해, 아들이 행하는 모든 것을 조명(照明)한다.

십자가와 부활의 교훈은 아버지에 대한 아들의 믿음과 아들에 대한 아버지의 믿음이 만든 능력(能力)이다. 윤회의 법이 적용될 때, 사람이 타고난 운명은 그 운명이 끝나고서야, 다시 다른 운명으로 태어난다. 살아서 타고난 운명을 없애고, 다시금 새로운 운명으로 사는 것은 불가능한 일이다. 오죽하면 사람은 절대 변하지 않는다고 하지 않는가! 그러나 행위의 인과응보를 변화시키고, 이기적 의지를 제거할 수 있는 놀라운 변화가 예수 그리스도를 따르는 자들에게 발생했고, 이를 목격한 증인들이 넘쳐났다. 이것은 예수 그리스도가 부활 승천하신 지 얼마 되지 않는 시기에 발생한 실로 놀라운 사건이었다. 이 놀라운 교훈이 우리를 거듭난 삶으로 초대한다.

늙은 남자나 늙은 여자, 젊은 남자나 젊은 여자, 상전이나 종이나 모두 십자가와 부활의 교훈을 실천하는 것은 쉬운 일이 아니다. 왜냐하면 하나님의 바른 교훈은 신령한 성품으로 따를 수 있기 때문이다. 하나님의 바른 교훈은 거듭난 자들만 할 수 있는 경건한 삶이다. 다시 말해, 경건한 삶을 통해 거듭난 삶을 사는 것이 아닌, 예수 그리스도의 십자가와 부활의 교훈을 받은 거듭난 자들만이 말세에 경건한 삶을 살

수 있는 능력이 있다. 그것이 직분(職分)이다.

직분은 맡겨진 일에 대하여, 자신의 생각과 행동을 제공하는 것이다. 사명은 의지적인 측면에서 '참된 나'를 발견하는 것이고, 직분은 '참된 내'가 이 땅에서 무엇을 해야 하는지에 대하여 실제적으로 내 생각과 행동을 그것에 제공하는 것이다. 주인이 타국에 갈 때, 그 종들을 불러 자기 소유를 맡기는 것이 사명이라면, 다섯 달란트 받은 자가 바로 가서 그것으로 장사하여 다섯 달란트를 남기는 것은 직분이다. 사명이 등을 들고 신랑을 맞으러 나간 열 처녀라면, 직분은 그릇에 기름을 담아 등과 함께 가져가는 것이다.

say 43

믿음은 늘 경험 앞에 선재하거나 항상 경험 너머에 예정되어 있다.

3. 긍휼과 자비를 나타나는 믿음의 교제

빌레몬서 1장 6-7절
이로써 네 믿음의 교제가 우리 가운데 있는 선을 알게 하고 그리스
도께 이르도록 역사하느니라, 형제여 성도들의 마음이 너로 말미
암아 평안함을 얻었으니 내가 너의 사랑으로 많은 기쁨과 위로를
받았노라

교제(交際)는 자신의 의지를 타인의 의지와 만나게 하여, 함께 거할 수
있는 공동의 마음을 만든다. 그러나 분리의 세계에 살고 있는 인간의
의지는 이기적 의지로 만들어졌기에, 타인의 의지를 만날 때, 필연적(必
然的)으로 공격과 방어가 발생한다. 어느 한쪽의 마음은 공격을 하고,
어느 한쪽의 마음은 상처를 받는다. 그래서 인간이 만든 공동체는 책
임(責任)과 권리(權利)의 차이를 인정하는 법(法)을 만들어, 정당한 공격과
적절한 상처를 용인한다.

그러나 믿음의 교제는 분리의 세계에서 만들어진 공동체의 교제와 다
르다. 왜냐하면 믿음의 교제는 하나님의 세계에서 만들어진 공동체이
기 때문이다. 믿음의 교제는 중보의 기도(祈禱)를 하나님께 드릴 수 있게

한다. 중보의 기도는 '이타적인 덕'을 실천함으로 형제의 믿음에 작용하는 기도이다. 또한 이기적 의지가 작용하는 죄의 영향에서 벗어날 수 있도록, 성도들을 '경건한 생활'로 이끈다.

믿음의 교제는 하나님의 '이타적인 덕'인 긍휼과 '경건의 생활'을 할 수 있는 자비(慈悲)[4]로 만들어진 공유(共有)의 마음이다. 인간의 교제는 두 개의 의지가 하나의 몸을 사용하지만, 믿음의 교제는 한 개의 의지가 여러 몸을 사용할 수 있다. 예를 들어, 결혼한 부부는 남편의 의지와 아내의 의지인 두 개의 의지가 한 개의 남편의 몸을 공유한다. 이때, 남편의 몸은 아내의 의지에 의해 공격당할 수 있거나, 상처 입을 수 있다. 아내의 몸도 이와 같다. 그러나 믿음의 교제는 하나님께 받은 남편의 의지나 하나님께 받은 아내의 의지가 예수 그리스도 안에서 하나이기 때문에, 남편이나 아내의 몸을 사용할 때, 한 개의 의지가 작용되어, 누구의 몸도 공격을 하거나 상처를 입히지 않는다. 그러므로 믿음의 교제는 하나님의 긍휼과 하나님의 자비를 나누는 교제이다.

빌레몬서에서 바울은 빌레몬에게 그의 재물을 훔쳐 도망간 종 오네시모와 믿음으로 교제하기를 간구한다. 어떻게 이것이 가능할까? 오네시모는 빌레몬에게 공격과 상처를 준 자이다. 세상의 교제에서는 오네시모가 바울을 극진히 섬겼다고 해서, 빌레몬에게 지은 죄가 용서될 수 없다. 이는 세상의 교제로, 바울과 빌레몬은 오네시모를 같은 의지로 교제할 수 없기 때문이다. 그러나 빌레몬은 바울의 간구를 받아, 오네시모를 형제로 영접한다. 그것은 바울의 의지와 빌레몬의 의지가 예수

---

4) 타인의 삶을 위한 행위가 아닌, 경건한 의지에서 발생하는 행위.

그리스도 안에서는 이기적 의지로 작용하지 않기 때문이다. 즉 둘의 의지는 하나이다. 바울과 빌레몬이 한 의지를 가질 수 있던 것은 바울과 예수 그리스도가 한 의지를 가졌기 때문이고, 이것은 예수 그리스도가 언제나 하나님 아버지와 한 의지를 가졌기 때문이다. 그러므로 믿음의 교제는 예수 그리스도 안에서 하나님과 동일한 의지를 가질 수 있게 한다.

say 44
부족한 아들에게 완전한 아버지의 소유를 나누어 주는 것이 자비이다. 그러므로 아들의 행위와 관계 없이 아버지의 의는 공유된다.

4. 복종의 효용

골로새서 3장 12절
그러므로 너희는 하나님이 택하사 거룩하고 사랑받는 자처럼 긍휼
과 자비와 겸손과 온유와 오래 참음을 옷 입고

날씨가 영하로 떨어졌는데, 거리에서 누군가 반바지를 입고 돌아다니면, 그 사람을 보고 "철이 없다. 철 모른다" 얘기할 수 있다. 철의 의미는 계절의 의미이다. 철을 모르거나, 철이 없다는 말은 시간과 상황 등을 모르고 행동할 때 사용되는 말이다. 봄, 여름, 가을, 겨울이 있듯, 우리의 인생도 유년기, 청년기, 장년기, 노년기의 계절이 있다. 그래서 철이 없는 사람이란 인생의 계절을 모르고 살아가는 사람이다. 자연은 계절에 따라 옷을 입는다. 하나님의 의지로 만들어진 우리의 마음도 인생의 계절에 따라 옷을 입는다. 옷을 입는 이유는 몸을 보호하려는 이유도 있지만, 몸을 나타내려는 이유도 있다. 자연이 벌거벗은 자신의 몸을 드러내지 않듯, 사람도 벌거벗은 마음을 드러내지 않는다. 계절은 자연의 성장에 따라 옷을 입힌다. 마음 역시 의지의 성장에 따라 옷을 입는다.

옷을 계절에 맞게 입을 때에, 자신의 몸을 정확하게 나타낼 수 있다. 마음 역시 인생의 계절에 맞게 입을 때에, 자신의 의지를 아름답게 나타낼 수 있다. 의지가 인생의 계절에 맞는 옷을 입는 것을 한 단어로 말한다면, 복종(服從)이다. 언뜻 이해되지 않을 수도 있지만, 복종은 같은 옷을 입고, 따른다는 의미를 지녔다. 복종은 알맞은 인생의 옷을 입고, 따르는 것이다. 따라서 복종하려면, 먼저 알맞은 옷을 입어야 한다. 알맞은 옷을 입지 않고는 복종할 수 없다. 그러므로 하나님께 복종하는 것은 믿음의 알맞은 옷을 입고, 자신의 정직한 신앙을 나타내는 것이다. 골로새서 3장 12절에 기록된 복종의 옷은 긍휼과 자비, 겸손과 온유와 오래 참음이다. 복종을 계급적 관점에서 생각하여, 구시대의 유물로 생각할 수 있지만, 복종은 창조주와 피조물과의 관계, 부모와 자녀와의 관계, 생산자와 소비자와의 관계에서 마음의 격려와 사랑의 결합을 나타내는 옷이다. 복종에는 세 가지 효용이 있다.

복종의 첫 번째 효용은 행복이다. 행복은 슬픔과 아픔까지도 담을 수 있는 즐거운 마음을 말한다. 행복은 일시적이거나, 감각적으로 느끼는 즐거움이 아니다. 행복은 언약을 바탕으로 지속적으로 영원한 시간 동안 유지되는 즐거움이다. 한용운 시인은 조국의 독립을 염원하는 언약을 바탕으로, 조국에 복종하는 즐거움을 노래한다. 시편에서 다윗은 어려움과 고통 속에서도 하나님의 언약을 믿음으로 복종했다. 예수 그리스도 또한, 십자가의 고통 속에서 하나님께 복종하는 즐거움을 우리에게 보이셨다. 복종이 없다면, 우리는 언약 안에서 누릴 수 있는 행복을 경험할 수 없을 것이다.

복종
시인 한용운

남들은 자유를 사랑한다지마는, 나는 복종을 좋아하여요.

자유를 모르는 것은 아니지만, 당신에게는 복종만 하고 싶어요.

복종하고 싶은데 복종하는 것은 아름다운 자유보다도 달콤합니다.

그것이 나의 행복입니다.

그러나, 당신이 나더러 다른 사람을 복종하라면,

그것만은 복종할 수가 없습니다.

다른 사람을 복종하려면 당신에게 복종할 수가 없는 까닭입니다.

복종의 두 번째 효용은 유산과 유업을 받음이다. 복종에는 두 가지가 있다. 하나는 거짓 복종으로, 외부적인 힘에 의하여 공포와 두려움에 자신의 의지를 내려놓는 것이다. 거짓 복종의 예로, 가스라이팅이 있다. 자신의 기억을 의심해서, 자신을 믿지 못하고, 자신의 의지를 잃어, 조종하는 사람에게 복종하는 것이다. 다른 하나는 참된 복종이다. 이 복종은 외부적인 사랑과 격려, 위로와 자비를 통하여, 자신의 의지를 내려놓는 것이다. 거짓된 복종은 자신의 의지를 잃게 하여 종이 되지만, 참된 복종은 참된 의지를 찾아 주인이 되게 한다. 그래서 참된 복종을 하면, 주인과 같은 옷을 입고, 주인과 같은 일을 할 수 있다.

복종의 세 번째 효용은 한 주인을 섬길 수 있다는 것이다. 복종은 창조주와 피조물이 마음으로 격려하고, 사랑으로 결합되는 원천적 힘이다. 이 힘은 오직 한 주인만을 섬길 때 발생한다. 그래서 한 주인을 섬기면서, 또 다른 주인에게 복종하는 것은 불가능하다. 그런데 아이러니하게도 그 방법으로 사탄은 복종을 막는다. 마귀는 하나님의 자녀가 하나님과 마음으로 격려하고 사랑으로 결합되는 것을 막기 위해 또 다른 하나님을 만든다. 마귀는 자신을 섬기게 하기 위해 여러 주인을 만들어, 하나님께 복종하지 못하게 한다. 따라서 하나님께 복종하지 못한다면, 그것은 우리에게 하나님 이외에 다른 주인이 있다는 것이다.

say 45

사고 작용으로 교정되는 행위는 회개 없이도 가능하다.
그러나 알지 못하는 불의와 악한 의지에 종속된 행위는
중생의 씻김이 없이는 회개할 수 없다.

5. 씨 뿌림과 추수

요한계시록 2장 20절
그러나 네게 책망할 일이 있노라 자칭 선지자라 하는 여자 이세벨
을 네가 용납함이니 그가 내 종들을 가르쳐 꾀어 행음하게 하고 우
상의 제물을 먹게 하는도다

하나님의 나라가 계시되면, 그 작용은 우리의 삶에 반영되고, 우리는
그 계시를 통하여 하나님의 나라에 대한 지식과 경험을 얻을 수 있다.
사랑이 앎의 도구가 되는 것은 사랑 안에서 의지가 공유될 수 있기 때
문이다. 우리는 형제에 대한 의지를 수용함으로 삶에서 일어나는 형제
의 생각이나 행동을 이해할 수 있다. 예수 그리스도께서 인간의 몸으로
우리에게 오신 것은 사랑 안에서 인간의 의지를 수용함으로, 인간의 생
각과 행동을 이해할 수 있기 때문이다. 우리가 성령을 받은 이유는 하
나님의 나라가 계시되면, 성령의 가르침으로 하나님의 의지를 수용하
여, 하나님의 생각과 행동을 이해할 수 있기 때문이다.

우리는 성령의 가르침을 통해 하나님의 두 가지 생각과 행동을 이해
할 수 있다. 첫째는 '씨 뿌림'이다. 하나님은 좋은 밭을 찾기 위해 씨를

뿌리신다. 우리는 하나님의 말씀으로 좋은 밭을 만들어, 풍성한 열매들을 수확하길 기대하지만, 정작 하나님이 말씀을 뿌리심은 좋은 밭을 찾기 위해서다. 말씀의 씨가 뿌리를 잘 내리고, 잎을 무성히 내고, 좋은 열매를 내어주는 좋은 밭을 찾으신다. 우리가 하나님의 말씀을 들어 마음에 새기고, 생명의 말씀을 배우기에 힘써서 모든 행함이 정직하여, 성령께서 주신 은사와 직분, 사역의 열매를 수확하면, 우리의 마음은 좋은 밭이며, 하나님은 우리의 마음에서 그리스도의 의지를 찾으신다.

둘째는 추수이다. 추수는 하나님께서 뿌리신 말씀의 씨가 열매를 맺어서 수확하여, 그것을 하나님의 나라에 쌓는 것이다. 하나님은 그리스도의 의지가 담긴 마음들을 진노의 세상에 버려두지 않으신다. 그리스도의 의지로 만들어진 성령의 열매들은 땅의 소유가 아니라 하늘의 소유이기 때문이다. 이에 하나님은 그리스도의 의지와 성령의 새롭게 하심으로, 거듭난 그의 자녀들을 땅이나 땅 아래 두지 않으시고, 하나님의 나라로 옮기신다.

이세벨과 발람의 도는 하나님의 씨를 훔쳐, 그리스도의 땅이 아닌, 오욕의 땅에 심는 사탄의 도이다. 또한 성령의 열매들을 하늘에 쌓지 못하게 한다. 하나님의 씨는 오직 그리스도의 땅에서 자라야 한다. 하늘의 신령한 초막은 나를 위해, 내 집에 세우는 것이 아니라 형제를 위해, 하나님의 성전에 세워야 한다. 하나님의 신령한 것들을 세상의 더러운 곡간에 채우려는 이단과 거짓 선지자, 거짓 선생을 경계하라! 이들은 주인의 포도원을 가로채기 위해, 예수 그리스도의 이름을 도용(盜用)하여, 이 땅에 거짓된 창고를 짓는 자들이다.

say 46

하나님의 성소는 거룩함과 진리의 원천이다.

성소의 거룩한 물이 모든 죄를 정화하고,

성소의 진리의 빛이 모든 악을 사라지게 한다.

아버지의 거룩한 영이 내 안에 거하고,

그리스도의 진리 위에 내 의지를 내려놓고,

성령의 은사에 내 몸을 맡긴다.

6. 성전과 형제 안에 기록된 은혜

마태복음 18장 28-30절
그 종이 나가서 자기에게 백 데나리온 빚진 동료 한 사람을 만나
붙들어 목을 잡고 이르되 빚을 갚으라 하매, 그 동료가 엎드려 간
구하여 이르되 나에게 참아 주소서 갚으리이다 하되 허락하지 아
니하고 이에 가서 그가 빚을 갚도록 옥에 가두거늘

긍휼(矜恤)은 자녀에 대한 자랑스럽고 귀한 마음이기도 하지만, 자녀
에 대한 피 흘리는 불쌍한 마음이기도 하다. 아기를 임신한 후 보내는
시간은 자녀와 한 생명을 공유하는, 한 몸과 한 마음의 자기희생이다.
하나님의 긍휼은 혼돈과 흑암과 공허를 이긴 생명의 사랑이다. 이 사
랑은 이기적 의지가 작용하지 않는, 숭고한 이타적 사랑이기에 어떠한
죄악도 침범할 수 없다. 그래서 하나님의 아들은 아버지에게 긍휼의 빚
이 있다.

아버지께 받은 긍휼의 빚을 어떻게 갚아야 할까? 첫째, 아버지를 공
경함으로 육체의 몸으로 제단을 지키는 것이다. 제단은 보이지 않는 세
계를 기록한 돌기둥이다. 돌은 시간이 흘러도 변질됨이 가장 덜한 자연

물이다. 그래서 돌에 새겨진 기록은 다른 자연물에 비해, 오랜 기간 보존될 수 있다. 또한 돌이 크면 클수록 이동하기 어렵기 때문에, 기록된 돌을 지키는 것은 영내(營內)를 지키는 것과 같다. 모세의 율법은 하나님의 지경을 지키기 위해, 그 중앙에 성막을 세웠다. 유대인들이 가나안 땅에 들어올 때, 가나안 사람들은 그들의 군사력에 낙담(落膽)한 것이 아니라 자기들 땅으로 들어오는 성막의 기기(器機)들의 장엄한 행렬 때문이었다.

요즘 교회(성전)는 구성원들의 개성이 반영되고, 비용과 편리함을 우선으로 건축된다. 많은 교회들이 중앙에 십자가를 없애고, 설교자의 모습을 극대화하기 위해 대형 스크린을 설치한다. 각종 음향시설과 조명들은 설교와 찬양의 효과를 높이는 데 손색이 없다. 어떤 교회는 비싼 임대료를 절약하여, 좋은 곳에 쓰기 위해, 카페나 학교 등을 렌트해서 예배를 드린다. 그러나 은혜가 기록되어 있지 않는 성전에서 공경을 찾는 일은 쉽지 않다. 성전 어디에도 하나님의 은혜가 기록되어 있지 않다면, 그곳이 하나님의 집이라 말할 수 있을까! 그러므로 아버지께 받은 은혜를 갚기 위해, 아버지의 집인 성전에 받은 은혜를 기록해야 한다. 부정한 죄를 씻는 물두멍, 예수 그리스도의 보혈과 언약을 상징하는 떡과 포도주, 그리고 그리스도의 십자가는 성전 안에서 찾을 수 있는 최소한의 기록들이다.

자비(慈悲)는 장성한 아들에게 아버지의 모든 것을 상속하는 사랑이다. 자비는 아들이 능력이 많고 적거나, 행위가 옳고 그름과 상관없다. 아버지는 아들에게만 그의 능력과 소유를 상속한다. 그러나 아버지에게 상속받은 신령한 능력과 소유는 아들의 것이 아니며, 아들의 상황이나 조건에 따라 변질되지 않는다. 오직 아들이 가진 것은 아버지에 대한 자비의 빚이다. 자비의 빚을 갚기 위해 둘째, 아버지의 언약을 형제 안에 세워야 한다. 아버지께서 주신 능력과 소유는 언약에 기록되어 있다. 언약은 유형의 성전에 보관할 수 없다. 만약 유형의 성전에 보관할 수 있다면, 성전이 침략당할 때, 신령한 능력과 소유도 침노(侵擄) 당하지 않겠는가!

하나님께 상속받은 능력과 소유는 어떤 공격으로도 빼앗기지 않는 곳에 보관해야 한다. 초대교회를 비롯하여, 오늘날 많은 교회에서 하나님의 능력과 소유를 사탄에게 빼앗기는 일이 빈번히 일어나고 있다. 교회를 확장하다 재정이 파탄 나는 곳도 있고, 성경을 공부하다 이단의 교리로 분열하는 곳도 있다. 가나안에 정착한 유대인들은 한 제단에서 하나님과 바알을 같이 섬기는 끔찍한 악행을 저질렀다. 오늘날 교회에는 없을까? 선거철이면 찾아오는 정당 홍보나 부흥을 빌미로 드러지는 출세 지향적인 기복예배는 물론이려니와, 정숙하지 못한 설교들, 지나치게 감정에 치우친 찬양, 세속적인 요청으로 홍수처럼 넘쳐나는 기도들은 하나님께 상속받은 능력과 소유를 잃기에 매우 적합한 행동들이다.

형제 안에 세워진 언약은 특별함이 있다. 예기치 않은 믿음의 시험이 찾아왔을 때에 설령, 내 마음에 세워진 언약이 침노당해도, 형제 안에 세워진 언약이 있기에, 형제를 통하여 하나님의 능력과 소유가 내게 이른다. 공동체의 지체는 한 몸에서 발생하였기에, 한 지체가 공격당하면, 몸에 붙은 모든 지체들이 이를 방어하고 치료한다. 그러므로 형제 안에 언약을 세우는 것은 상속받은 하나님의 신령한 능력과 소유를 지킬 수 있는 최선의 방법이다. 예수께서 그의 제자들 안에 세워놓은 아버지의 언약을 보라!

say 47

몸의 기억은 세 가지 차원에서 만들어진다.

첫째는 경험에 대한 기억이고,

둘째는 무의식에 대한 기억,

그리고 마지막은 아버지(창조주)의 생명에 대한 기억이다.

7. 팔복에 대하여

마태복음 5장 3-10절

심령이 가난한 자는 복이 있나니 천국이 그들의 것임이요,

애통하는 자는 복이 있나니, 그들이 위로를 받을 것임이요

온유한 자는 복이 있나니 그들이 땅을 기업으로 받을 것임이요

의에 주리고 목마른 자는 복이 있나니 그들이 배부를 것임이요

긍휼히 여기는 자는 복이 있나니 그들이 긍휼히 여김을 받을 것임이요

마음이 청결한 자는 복이 있나니 그들이 하나님을 볼 것임이요

화평하게 하는 자는 복이 있나니 그들이 하나님의 아들이라 일컬음을 받을 것임이요

의를 위하여 박해를 받은 자는 복이 있나니 천국이 그들의 것임이라

예수 그리스도를 믿지 않아도, 빌어주는 복을 한사코 거절하는 사람은 없다. 하나님의 자녀들은 계시를 통하여, 언약의 문 뒤에 계신 하나님을 찾는다. 또한 하나님은 예수 그리스도의 표적이 있는 자녀들을

찾으신다. 그러나 계시가 일어나는 제단과 표적을 통한 공동체의 연합이 없는 곳인데도 하나님의 특별한 언약이 나타난다. 예수 그리스도께서 제자들에게 가르쳐주신 팔복(福)이다.

심령이 가난한 자는 천국을 가질 수 있는 복이 있다. 심령이 가난하다는 것은 마음이나 물질의 가난함이 아니다. '가난하다(貧)'[5]의 한자적 의미는 무엇이 없거나 부족해서 가난한 것이 아닌, 있는 것을 나누어서 가난한 상태가 된 것을 나타낸다. 마음과 물질은 분리의 성질이 있지만, 영은 공유의 성질이 있다. 마음과 물질은 나누면 나눌수록 없어지지만, 영은 나누면 나눌수록 풍족해진다. 흉년으로 더 이상 살길이 없어, 아들과 마지막 식량을 먹고 죽으려고 했던 사르밧 과부가 엘리야의 요청에, 작은 떡 하나를 만들어 엘리야에게 주었을 때, 그곳에 천국에서 공급하는 채움이 있었다.

애통하는 자는 위로를 받는다. 복은 구체적인 행위에 따라서 정확한 보답(報答)을 한다. 애통(哀痛)은 옷이 말을 하는 슬픔[6]과 몸의 병이 종을 울리듯 퍼져나가는 몹시 슬프다는 뜻이 있다. 치료는 병든 자의 요청으로, 치유는 병든 자의 믿음으로 일어난다. 이별의 슬픔과 몸의 큰 병은 마음에 틈을 벌려 이상한 존재들을 의지하게 할 수 있다. 사랑하는 자들과의 이별을 참지 말자! 몸이 아플 때 고통을 참지 말라! 예수께서는 잠시 후면 살리실 나사로의 죽음 앞에서, 마리아와 함께 온 유

---

5) 조개를 나눈다는 뜻이다.
6) 장례식에 입는 상복.

대인들이 우는 것을 보시고 비통하셨다.[7] 애통한 곳에서 애통하자, 그 곳에 하나님의 위로의 복이 임하신다.

온유한 자는 땅을 기업으로 받는 복이 있다. 온유(溫柔)는 따뜻한 마음과 부드러운 행동을 말한다. 마음이 따뜻해지려면, 물을 그릇에 가두어 데우듯, 은혜를 마음에 담아야 한다. 은혜를 갚는 사람들을 살펴보라! 작은 친절도, 작은 위로도 그냥 지나치지 않고, 마음에 담아 은혜의 싹을 틔운다. 또한 '부드럽다'는 것은 나무의 가장 끝에서 자라는 연한 가지를 말한다. 행동이 부드러운 것은 모든 만남에 있어서 상대에게 해를 끼치거나 상처를 주지 않는다. 태양과 바람을 맞이하는 가지는 연해야 부러지지 않을뿐더러, 빛을 받고 바람을 담을 수 있다. 온유한 사람은 좋은 땅을 가진 사람이다. 어찌 이런 곳에 하나님의 기업이 세워지지 않겠는가? 따라서 온유는 말씀을 주야로 묵상함으로 마음과 행실에 항상 은혜를 담아, 계절에 따라 열매를 맺는 것이다.

팔복에 의(義)는 두 번 언급된다. 하나님의 의는 법에 따른 옳고 그름의 정의(正義)와 선재와 예정에 따른 정의(定義)가 있다. 선에 적용되는 의는 정의(正義)가 아닌 정의(定義)이다. 팔복에 있어, 첫 번째 언급되는 의는 공의적 측면에서 정의(正義)이다. 배부름은 공의한 자가 받는 복이다. 공의는 죄에 대하여 적용되기에 법을 잘 지키는 것이다. 율법이든 성령의 법이든, 하나님이 주신 법을 잘 지키는 자가 공의한 자이다. 공의한 자는 죄를 깨닫고, 죄를 멀리한다. 이렇게 죄를 멀리하는 자는 배부름의 복을 받는다. 배고픔은 죄를 구분하지 못하는 무지에서 온다.

---

7) 요한복음 11장 33절 참고.

잘못 아는 것은 잘못된 법을 따르는 것이고, 세상 지식으로 아는 척하는 것은 거짓으로 아는 것이다. 이것들 모두 공의가 없는 무지(無知)이다. 게을러서 배고픈 것은 구제가 답이지만, 부지런하지만 배고픈 것은 공의를 모르는 무지이기 때문에 구제가 답이 될 수 없다.

긍휼히 여기는 자는 긍휼을 받는 복이 있다. 하나님의 사랑은 긍휼과 자비이다. 긍휼과 자비를 행하는 자는 긍휼과 자비의 복을 받는다. 긍휼은 아버지의 자기희생의 사랑이고, 자비는 채무의 빚이 없는 아버지의 상속이다. 인과율이 지배하는 세상에서 긍휼과 자비는 이해할 수 없는 손해일 수 있다. 그러나 선재와 예정의 시간에서 아버지의 긍휼과 자비는 아들의 시간 안에 나타나는 아버지의 따뜻함과 풍성함이다. 그리고 형제의 시간 안에 나타나는 상호 간의 애착이다. 형제 안에 작용하는 긍휼과 자비에는 따지고 묻는 이유나 조건이 없다.

마음이 청결(淸潔)한 자는 하나님을 볼 수 있는 복을 받는다. 청결은 푸르고 깨끗한 마음이다. 몸의 더러움은 잘 씻으면 사라지고, 마음의 더러움은 약속을 잘 지킬 때 사라진다. 언약의 하나님을 만날 수 있는 길은 언약의 자녀가 되는 것이다. 우리에게는 만왕의 왕, 예수 그리스도가 있다. 이 땅의 왕들은 어떤 이름으로 맹세하여도 그것을 확증하는 보증자가 없지만, 예수의 이름으로 맹세하는 곳에는 그것을 확증하는 보혜사 성령이 계시다. 마음의 청결은 언약을 잘 지킬 때, 언약의 확실함을 보증하는 성령의 역사이다.

화평하게 하는 자는 하나님의 아들이라 일컫는 복을 받는다. 여기서 말하는 아들은 하나님 나라의 상속자이며, 보좌에서 모든 원수들을 발등상 위에서 밟고 계신 분이다. 화평은 분쟁과 전쟁을 이긴 승리자이며, 화평은 구원의 다른 이름이다. 또한 화평은 영과 혼, 그리고 육의 일체를 의미한다. 하나가 되지 않은 곳에 화평은 나타나지 않는다. 하나님의 아들은 분리 세상을 종식시키고, 하늘과 땅이 구분되지 않고, 이별과 죽음이 없는 살렘의 왕이다.

　마지막으로 의를 위하여 박해를 받은 자는 천국을 소유하는 복이 있다. 세상에서 말하는 정의(正義)는 옳고 그름에 있어서 바른 의를 나타내지만, 하나님의 의(義)는 이미 정해진 예정을 말하는 정의(定義)이다. 거룩함은 옳고 그름이 발생하는 창세 이후의 세상이나 인과율에 따른 역학적 방해 요소와 무관하다. 그러므로 정의(正義)는 에고의 유익이나 공동체의 편익에 따른, 옳고 그름에 대한 판단의 영역이지만, 하나님의 선을 이루는 정의(定義)는 말씀으로 창조된 모든 만물에 미리 정해진, 그리스도의 의지와 성령의 사용됨이다. 그래서 하나님의 예정에서 예외 된 사탄은 언제나 예수 그리스도의 의를 부정하고 박해한다.

say 48

예수가 나누어주신 그리스도의 의지가 만든 마음에, 하나님의 영원한 고백을 담자!

이기적 의지가 작용하는 수천 마디 말보다

"너는 내 사랑하는 아들이다"말하시는 하나님의 음성이

우리를 꿈의 세계에서 떠나, 아버지의 본향으로 인도하신다

8. 의지의 순종과 몸의 복종

열왕기하 5장 10-11절
엘리사가 사자를 그에게 보내 이르되 너는 가서 요단 강에 몸을 일
곱 번 씻으라 네 살이 회복되어 깨끗하리라 하는지라, 나아만이 노
하여 물러가며 이르되 내 생각에는 그가 내게로 나와 서서 그의 하
나님 여호와의 이름을 부르고 그의 손을 그 부위 위에 흔들어 나병
을 고칠까 하였도다

예수 그리스도의 이름으로 세워진, 예수 그리스도의 나라는 예수 그
리스도의 구원에 있어서 몇 가지 특징이 있다. 첫째는 예수 그리스도의
이름은 알파와 오메가요, 예수 그리스도의 나라는 처음과 나중이며,
예수 그리스도의 구원은 시작과 끝이기 때문에, 하나님의 말씀은 과거
나 현재, 미래의 순서에 의해 진행되지 않고, 성취된 언약을 믿는 믿음
안에, 현재적으로 작용한다. 믿음 안에서 구약에 기록된 사건들은 현
재에도 어떤 이들의 믿음을 통해 역사하며, 신약에 기록된 사도들의 사
명 또한 같은 길을 걸어가는 현재의 목회자들에게 변함없이 적용된다.
　둘째는 예수 그리스도 안에 있는 자들은 세상의 복과 화가 아닌, 예
수 그리스도의 복을 받고, 화를 당한다. 복은 예수께서 마태복음에서

전한 팔복이며, 화는 성령을 거스른 죄에 대한 대가이다. 성령을 거스른 죄는 예수 그리스도의 구원을 부인하는 것이다. 예수 그리스도의 구원을 부인하는 것은 예수의 이름으로 세워진 하나님의 제단에 자신의 이름을 새기는 이단[8]이나 어린 양의 제단에 다른 제물을 드리는 종교 다원주의[9]이다. 요한계시록 2-3장에는 교회가 화를 당하는 이유에 대하여 자세하게 기록되어 있다.

셋째는 예수 그리스도가 세운 교회는 상과 벌을 받는다. 예수 그리스도의 의는 공동체에게 적용되기 때문에, 개인적인 믿음의 실천으로 상을 받는 것이 아닌, 의를 행한 믿음의 공동체 안에서 상을 받는다. 교회는 첫째로, 예수 그리스도를 영접하여 상을 받는다. 예수 그리스도의 영접은 일회적 성격이 아니기에, 교회는 쉬지 않고, 지속적으로 신령과 진정의 예배를 드려야 한다. 교회는 둘째로, 교회 공동체의 형제들을 영접해야 한다. 교회 공동체의 구성원들은 교회를 세우는 구조적 장치가 아니다. 교회 공동체의 형제들은 상호 간에 애착으로 연합된 지체이다. 얼굴을 매일 손이 씻겨주고, 좋은 음식을 준비하고, 먹고, 나누듯, 연합된 서로의 생명을 섬겨야 한다. 셋째로, 고아와 과부, 나그네를 영접해야 한다. 이들을 영접하는 것은 예수 그리스도의 복음을 전하는 전도뿐만 아니라, 환란과 궁핍함에서 이들을 시급히 구제하는 것이다.

그러나 우리는 두 가지 이유에서 현재적으로 실현되는 하나님의 말씀을 듣지 못하고, 예수 그리스도 안에서 나타나는 복과 화를 구별하

---

8) 자신을 재림한 예수라 전하는 이단 교주.
9) 배타적이며 이기적인 기독론에서 벗어나, 구원의 다양성을 추구.

지 못하며, 교회 공동체가 받는 상을 받지 못하고, 또한 벌을 피하지 못한다. 하나는 몸의 사용이다. 언제까지 자신의 지식과 경험을 공로라 여기며, 착각 속에 살아갈 것인가? 산꼭대기에 올라가 쩌렁쩌렁 방언으로 기도하면, 하나님이 더 잘 들어주시는가? 성경을 통독하고, 수많은 신학 서적을 읽으면, 하나님의 말씀에 더 잘 순종하는가? 인문학과 사회적 지식이 뛰어나고, 기업이 번창하고, 자식들이 출세하면 그것이 하나님이 주신 복이라 언제까지 세상 꿈속에서 잠꼬대 할 것인가!

열왕기하 5장에 나오는 아람의 군대장관 나아만은 나라를 위하고, 백성들을 잘 섬기는 이타적인 공동체 의지를 가진 자이다. 그러하기에 아람 왕은 나아만이 나병을 고치기 위해 이스라엘에 가고자 할 때, 흔쾌히 이를 허락한다. 아람 장군이 이스라엘 선지자를 만나, 병 고침 받는 것은 매우 어려운 일이다. 그러나 나아만은 엘리사를 찾아가 나병을 나을 수 있는 하나님의 말씀을 받는다. 그런데, 나아만은 어떠한가? "요단강에 몸을 일곱 번 씻으라"는 엘리사의 말에 노하여, 아람의 강이 더 좋으니, 거기서 씻는 것이 낫지 않냐 하며 돌아가려한다.

쩌렁쩌렁 방언으로 기도하는 것이, 성경과 신학서적을 많이 읽는 것이, 인문 사회적으로 풍부한 지식을 갖고, 사회적으로 성공하는 것이 나쁘다는 것이 아니다. 문제는 이러한 것들로 인해, 의지는 하나님을 섬김에 있어서 이타적으로 작용한다고 할지라도, 몸을 하나님의 말씀과 공동체의 사명, 직분자의 역할을 실천하는, 중요하고 결정적인 순간에 사용하지 못한다는 것이다. 다행이 나아만은 종의 말을 청종하는 자이기에 요단강에서 몸을 씻어 나병이 낫지만, 이 종이 없었다면, 나아만은 일생일대에 귀중한 기회를 잃고, 나병으로 죽었을 것이다.

또 다른 하나는 의지의 사용이다. 게하시는 엘리사의 사환이다. 성경에 게하시가 언급되는 부분들이 많은 것으로 보아, 게하시는 사환들 중에서도 그 위치가 높고, 엘리사가 행한 수없이 많은 기적과 표적을 경험했기에, 자신의 생각과 행동에 있어서 삼가며, 엘리사의 명령을 늘 잘 따랐을 것이다. 그런데 문제는 그의 생각과 행동이 권위 있는 엘리사에게 복종 할지라도, 그의 의지가 엘리사의 의지와 같지 않아 순종하지 못한다는 것이다. 순종은 의지가 같아, 생각과 행동을 같이 하는 것이고, 복종은 의지는 다르지만, 권위나 위계질서에 의해 생각과 행동을 같이 하는 것이다. 순종은 의지의 차원이기 때문에, 지식이나 경험을 통해 이루어지는 않는다.

새벽 예배를 빼먹지 않고, 언제나 예배 생활에 성실하다. 사회에 나가서는 바른 행실과 친절한 성격으로 주변 사람들과 관계가 좋다. 또한 목회자의 요청이 있을 때, 별다른 이견 없이 복종한다. 누가 봐도 말씀 안에서 생활하는 자이며, 그의 생각과 행동은 옳고 바르다. 그런데 왜 결정적인 순간에 게하시가 되는가? 그것은 이기적 의지 때문이다. 자기 자신을 위한 의지는 성실한 예배도, 친절한 사귐도, 올바른 행실에도 한순간 악인의 꾀를 따르고, 죄의 길에 서게 한다.

say 49

순종은 의지가 같아지는 것이고, 복종은 몸의 사용을 같이 하는 것이다

에필로그

속사람은 서로의 다름을 보지 않고, 같음만 본다.

'나'에게 어떤 '손'이 찾아와 어제 저녁 본 처참한 광경을 말한다. '손'은 불량한 사람이 큰 몽둥이를 가지고 돌아다니는 개를 쳐 죽이는데, 그 모습이 참혹하여, 실로 마음이 아파 견딜 수 없어서 앞으로는 개나 돼지고기를 먹지 않기로 맹세했다고 말한다. 이를 들은 '나'는 어떤 사람이 이글이글거리는 화로를 끼고 앉아, 이를 잡아 불 속에 넣어 태워 죽이는데, 그것을 보고, '나'는 마음이 아파 다시는 이를 잡지 않기로 맹세했다고 말한다. 이에 '손'은 크게 실망하여, 이는 작은 미물이고, 개는 육중한 짐승인데, 그리 말하는 것은 자신을 놀리는 것이라 화를 낸다.

이것은 고려 시인 이규보가 쓴 슬견설의 일부분이다. 슬견설은 개와 이의 죽음을 통해 선입견이나 편견을 가지고 사물을 보지 말아야 한다는 교훈을 담은 수필이다. '나'는 동일한 생명을 다르게 보는 '손'에게 선입견과 편견을 없애고, 달팽이의 뿔을 쇠뿔과 같이 보고, 메추리를 대붕과 동일시 한 이후에 도를 논하자고 한다. 참 어렵다! 달팽이의 뿔을 어떻게 쇠뿔과 같이 보고, 메추리를 어떻게 대붕과 동일시할 수 있는가?

선입견과 편견은 분리의 작용이 만든 '다름'에서 만들어진다. 달팽이의 뿔과 쇠뿔이 다르기 때문에, '손'에게 선입견과 편견이 생긴 것이 아니라, '손'이 자신과 분리된 달팽이와 소를 다르게 여기기 때문에, '손'에게는 달팽이의 뿔과 쇠뿔이 다르게 보이는 선입견과 편견이 만들어진 것이다. 이에 반해, '나'는 생명 안에 있는 일체의 작용으로 자신을 달팽이나 소와 하나 되게 여기기 때문에, 그들에 대한 선입견과 편견을 만들지 않고, 오히려 그들 안에 있는 자신과 동일한 생명을 볼 수 있다. 그러므로 선입견과 편견에서 벗어나려면, 의지와 생각을 분리의 작용에서 떠나, 일체의 작용으로 옮겨야 한다.

생명과 사망은 모든 존재에게 동일함을 작용한다. 분리의 작용으로 만든 '다름'은 생명과 사망 안에서 소거(消去)된다. 우리는 살아 있는 동안 사망을 알 수 없지만, 생명을 알 수 있다. 즉 살아서 '나'와 '손'이 생명 안에 거하면, '나'와 '손'은 동일할 수 있으며, 생명 안에 거한 모든 것들과도 동일할 수 있다. 예수 그리스도께서 이 땅에 오셔서 우리에게 남기고 가신 것은 생명의 떡과 생명의 물, 생명의 몸, 생명의 영이다. 즉 생명(生命)[1]을 남기셨다. 살아 있어서 생명이 있는 것이 아니라, 생명이신 예수 그리스도를 안에 거할 수 있기에 부활과 영생의 혜택을 받을 수 있는 것이다.

그러므로 생명은 단순히 살아 있는 것이 아닌, 예수 그리스도 안에서 영적 예배를 통해, 하나님과 동일함을 깨닫고, 상호간의 애착을 통해,

---

1) 일반적으로 살아있는 목숨으로 해석하나, 하나님의 말씀인 살아있는 명령으로 해석할 수 있다.

공동체(형제)의 동일함을 이해하는 것이다. 영적 예배는 예수 그리스도의 생명 안에서 머무르는 아버지와 아들의 일체된 시간이다. 현상적으로 보이는 아버지와 아들의 다름은 결코, 본질적인 아버지와 아들의 같음을 가릴 수 없다. 하나님과 동일함을 깨닫지 못하면, 분리의 작용이 만든 다름으로 하나님에 대한 선입견과 편견이 만들어진다. 또한 공동체를 통해, 형제와 동일함을 깨닫지 못하면, 다름으로 만들어지는 형제에 대한 선입견과 편견에서 벗어날 수 없다.

예수가 선지자가 아닌, 그리스도임을 증명하는 유일한 증거는 예수 그리스도와 하나님, 그리고 성령의 일체됨이다. 또한 예수 그리스도의 몸과 성령을 받아 새롭게 거듭난 '나'와 '손'(형제) 또한 하나님과 성령 안에서 일체된[2]다. 예수 그리스도 안에 있는 나의 속사람은 예수 그리스도 안에 있는 형제의 속사람과 같다. 그러므로 속사람은 서로의 다름을 보지 않고, 같음만 본다. 속사람은 어린 양의 제단 위에 영의 몸을 세우고, 그리스도의 이타적 의지가 만든 마음을 작용하며, 성령이 사용하시는 몸으로 신령한 생각과 행동에 참여한다.

이 책을 통해 밝혀지는 예수복음의 비밀은 영과 의지, 그리고 몸에 대한 거듭남으로, 다름을 통한 선입견과 편견을 만드는 분리의 세계를 떠나, 예수 그리스도의 생명 안에 있는 아버지와 형제들과 하나 된 본향에 이르는 것이다. 나는 나의 고백이 이 책을 읽는 모든 이들의 고백이 되길 기도한다. 나는 오직 예수 그리스도의 이름으로 드리는 예배를 통해, 거듭난 나의 영이 거룩한 하나님의 영과 같음을 고백한다. 또한 창

---

2) 요한복음 17장 참고.

조주를 부정함으로 만들어진 에고의 이기적 의지를 내려놓고, 생명과 빛 되신 예수 그리스도의 의지가 내 안에 교환되도록 끊임없이 순종한다. 끝으로 나는 아무런 두려움과 걱정 없이, 또는 어떠한 기대나 대가 없이 내 몸의 생각과 행동을 성령께서 사용하시도록 기꺼이 내어드릴 것이다.

say 50

죄 없으신 예수 그리스도를 통해, 죄 없는 하나님과 만나다.

죄 없으신 예수 그리스도를 통해 죄 없는 형제와 만나다.

죄 없으신 예수 그리스도를 통해 죄 없는 나와 만나다.